Dringliche Wirtschaftsfragen

Heft 4

Unsere Rohstoffversorgung nach dem Kriege

von

Dr. Edgar Landauer
(Braunschweig)

Leipzig — Verlag von Veit & Comp. — 1917

Unsere Rohstoffversorgung nach dem Kriege

von

Dr. Edgar Landauer
(Braunschweig)

Leipzig ▫ Verlag von Veit & Comp. ▫ 1916

Druck von Metzger & Wittig in Leipzig.

Im folgenden soll versucht werden, vom allgemein volkswirtschaftlichen Standpunkte aus zu den einzelnen Vorschlägen Stellung zu nehmen. Für die künftige Neugestaltung der Einfuhr dürfen nicht wirtschaftspolitische Ideale entscheiden, die sich im Betriebe der Weltwirtschaft, von dem wir uns nicht fernhalten können, doch nicht voll erfüllen lassen, sondern Zweckmäßigkeiten im Hinblick auf die gesamte Einrichtung der Volkswirtschaft.

Die Form wird auch nicht für die gesamte Rohstoffeinfuhr einheitlich sein können. Sie muß sich den Markt- und Absatzverhältnissen der einzelnen Rohstoffe anpassen. Sie darf die Entwicklung nicht als künstliches Gebilde hemmen, sondern muß die Entwicklungs- und Leistungsfähigkeit der bei uns wirkenden wirtschaftlichen Kräfte unterstützen können.

1. Die Kriegsreserven.

Einen der ersten Vorschläge für die Neugestaltung der Rohstoffeinfuhr machte Jaffé in seinem mehrfach angeführten Vortrage „Volkswirtschaft und Krieg" am 4. Januar 1915, also nach erst halbjähriger Kriegsdauer. Jaffé forderte damals die Schaffung von Rohstoffreserven nach Art des Goldschatzes im Juliusturm. „Wir müssen von Futtermitteln wie Mais und Gerste, von Nahrungsmitteln wie Weizen, von Rohstoffen wie Kupfer, Petroleum, Benzin, Gummi, Baumwolle, Wolle, Jute usw., die wir im Inlande nicht oder nicht in genügender Menge erzeugen, mindestens so viel aufstapeln, wie der Verarbeitung und dem Konsum eines Jahres entspricht. Dies bedeutet die Errichtung staatlicher Vorratsläger und deren Füllung auf Staatskosten oder doch wenigstens unter Staatsaufsicht und Staatskontrolle."

Derartige Rohstofflager sind nichts prinzipiell Neues. Vorbilder geben nicht nur die Goldreserve im Juliusturm, die im Jahre 1871 auch auf Grund von Kriegserfahrungen geschaffen ist, sondern auch die Zuckerreserven in England und die Kaffeevalerisation Brasiliens, die allerdings ganz anderen Zwecken dient.

Diese Rohstoffreserven sind so denkbar, daß neben ihnen der Handel in voller Freiheit wie vor dem Kriege die Rohstoffzufuhr besorgen würde. Levy[1] betont ausdrücklich, daß die Vorratsvorsorge so eingerichtet werden müsse, daß das bisherige Gefüge der

[1] Levy, Vorratswirtschaft und Volkswirtschaft. Berlin 1915.

Volkswirtschaft in möglichst geringer Weise von dieser Veränderung ergriffen werde. Die Reserven würden dann nur im Falle eines Krieges in Anspruch genommen werden.

Für manche Rohstoffe, insbesondere für Kupfer, sind derartige starre Kriegsreserven technisch durchaus möglich, für andere Rohstoffe müßte indessen zumindest von Zeit zu Zeit eine Auswechslung der Vorräte stattfinden. Auch dies ist denkbar, ohne daß die Reservevorräte als solche auf den Markt kommen würden. In diesem Fälle müßten die neu eingeführten Rohstoffe gegen die bereits seit einiger Zeit lagernden Rohstoffe umgetauscht werden. Praktisch würde dies sehr viel Schwierigkeiten bringen und zu vielen Anständen führen.

Wie hoch muß eine derartige starre Reserve sein? Für diese Frage ist entscheidend, ob die Vorräte nur für die erste Kriegszeit bestimmt sind, wie der Goldschatz im Juliusturm, etwa für die Zeit, bis sich die Wirtschaft wieder „militarisiert" hat, oder ob die Reserven für die ganze Zeit einer Absperrung der Zufuhr ausreichen sollen. Für Rohstoffe, für die wir, unter Ausschaltung der Kostenfrage, im Inlande Ersatz herstellen können, würde das erstere genügen, für alle übrigen Rohstoffe würden aber sehr große Reserven erforderlich sein.

Jaffé hatte im Januar 1915 Reserven in der Höhe eines einjährigen Bedarfes gefordert. Ob dies für alle Fälle ausreichend sein würde, erscheint heute bei der langen Dauer dieses Krieges fraglich. Blockaden und Wirtschaftskriege können nur bei langer Dauer Erfolge versprechen.

Wenn wir Reserven in der Höhe des einjährigen Bedarfes annehmen, so würde dies nach den Einfuhrergebnissen des Jahres 1913 für Rohstoffe der gewerblichen Produktion allein einen Wert von mehr als 5 Milliarden Mk., für gewerbliche Rohstoffe und Lebensmittel einen Wert von mehr als 8 Milliarden Mk. ausmachen. Bei einer starren Reserve würden diese Werte zinslos lagern. Für Zinsen, Lagerung, Versicherung, Verwaltung usw. würde dies eine jährliche Belastung des Etats von etwa 500 bis 700 Mill. Mk. bedeuten. Das ist ein Betrag, der etwa unseren Gesamtausgaben für unser Heer im Jahre 1912 entsprechen würde.

Bedenkt man die ungeheuren Ausgaben, die für das Reich nach dem Kriege aus dem Schuldendienst für die Kriegsanleihen, aus der Fürsorge für die Hinterbliebenen und Kriegsbeschädigten, durch die Retablierung von Heer und Flotte entstehen, so ergibt sich, daß für eine derartige „Kriegsversicherung" dem Reiche zunächst weder die erforderlichen Milliarden für die Anlage der Reserven, noch die erforderlichen Millionen für die jährlichen Ausgaben für diesen Zweck zur Verfügung stehen.

Reservevorräte sind zweifellos notwendig, aber sie müssen so organisiert sein, daß sie unter größtmöglicher Schonung auf den ständigen Konsum abgewälzt werden. Starre Kriegsreserven sind zu kostspielig. Die Belastung, die sie bringen würden, würde um so mehr gefühlt werden, als sie nur im Kriegsfalle wirksam sein würden, im übrigen aber unserer Stellung auf dem Weltmarkte und unserer Rohstoffversorgung keinerlei Vorteile bringen würden. Die Rohstoffsicherung kann nicht nur in einem toten Vorrat bestehen, sondern muß eine ständige, lebendige Anpassung unserer Bedürfnisse an die tatsächliche Rohstoffsituation sein.

2. Die Einfuhrsyndikate.

Weit mehr Zustimmung als der Vorschlag, lediglich tote Kriegsreserven anzulegen, hat anfangs der weitgehende Plan gefunden, die bestehenden Kriegsarbeitsgesellschaften nach dem Kriege in Einfuhrsyndikate umzuwandeln. Dieser Plan scheint auch bei der Regierung zu bestehen, oder mindestens bestanden zu haben. Im Hauptausschusse des Reichstages erklärte der Unterstaatssekretär Dr. Richter am 10. Mai 1916: „Zur Beschaffung der wichtigsten Rohstoffe werden (nach dem Kriege) Industriegesellschaften mit freier Selbstverwaltung unter Zuziehung eines Staatskommissars gegründet werden, um Einkauf, Verteilung und Auskunftserteilung zu übernehmen."

Soviel über diese Pläne bekannt geworden ist, soll der äußere Aufbau der Kriegsrohstoff-Gesellschaften beibehalten werden. Ihre Wirtschaftsform hat viele begeisterte Anhänger gefunden und Rathenau meint, daß sie vielleicht in kommenden Zeiten hinüberdeute, als ein Mittelglied zwischen einer Aktiengesellschaft und einem beständigen Organismus.

Es würden danach in den einzelnen Industriezweigen wieder Aktiengesellschaften gegründet, bei denen die Verwaltung in den Händen der Funktionäre der Industrie liegt, während die Aufsicht einem Staatsminister obliegt, der das Reichsinteresse zu vertreten hat. Diese Gesellschaften würden den Einkauf besorgen und die Rohstoffe dann mit einem festen Spesenzuschlage an die Industrie abgeben. Sie sollen verpflichtet sein, ständig eine Reserve in vorher festgelegter Mindesthöhe zu halten. Auch bei ihnen soll der Gewinn über eine feststehende Verzinsung der Reichskasse zufließen.

Diese Einfuhrsyndikate sind nicht etwa als Einkaufsbureaus anzusehen, wie sie schon vor dem Kriege bei vielen kartellierten Industrien bestanden. In einem vor einiger Zeit in der Presse bekanntgegebenen Vorschlage war ausdrücklich betont, daß die Syndizierung die ganze interessierte Industriegruppe umfassen müsse und daß dies nötigenfalls zwangsweise erfolgen müsse. Würde dies nicht der Fall sein, so würden die Außenseiter der Syndikate, die nicht durch die gleichen Verpflichtungen belastet sind, billiger einkaufen können als die Syndikatsmitglieder.

Die Einfuhrsyndikate, wie sie vorgeschlagen sind, sind nur möglich, wenn sie von der Regierung das Einfuhr- oder Handelsmonopol bekommen.

Ebenso würde die Schaffung der Einfuhrsyndikate völlige Ausschaltung des Einfuhrhandels bedeuten. Die wenigen Politiker, die in jeder Ausschaltung des „Zwischenhandels" einen Fortschritt sehen, haben dies begrüßt. Auf der anderen Seite hat sich der in seiner Existenz bedroht fühlende Einfuhrhandel in lokalen Vereinigungen und im „Zentralverband des deutschen Großhandels" zusammengeschlossen. Der   , eine lebhafte Propaganda entwickelt und namentlich in Verhandlungen mit der Regierung auf die Gefahren hingewiesen, die die Ausschaltung des Einfuhrhandels mit sich bringen würde.

Als Gründe für die Schaffung von Einfuhrsyndikaten und Einfuhrmonopolen wird geltend gemacht:

1. Für unsere Wirtschaft nach dem Kriege ist es gerade bei weiterer weltwirtschaftlicher Betätigung von außerordentlich großer Bedeutung, daß die deutsche Währung hochgehalten wird. Dies hängt nicht weniger von der Notendeckung usw. ab, als von der Zahlungsexistenz. Nachdem unsere Vorräte in weitgehendstem Maße durch den Krieg aufgebraucht sind, werden wir für lange Zeit, nicht nur für eine Übergangswirtschaft von einigen Jahren, eine weit größere Einfuhrnachfrage haben, als wir durch Warenausfuhr bezahlen können. Da wir wiederum im Interesse

der Währung möglichst wenig fertige Waren einführen können, so wird unsere Industrie zunächst mit der Arbeit für den eigenen Markt vollauf beschäftigt sein. Kali- und Chemikalienexporte können nur in ungenügendem Maße unseren Rohstoffbedarf bilanzieren. Es ist deshalb unbedingt erforderlich, daß die Einfuhr für absehbare Zeit auf das Allernotwendigste beschränkt bleibt. Die Kontrolle hierüber ist aber nur bei straffer Zentralisierung der Einfuhr möglich.

2. Die Währungsfürsorge macht es erforderlich, daß für viele Rohstoffe, für die wir im Inlande heute ohne Rücksicht auf die Kosten Ersatz erzeugen, und fernerhin die Rohstoffeinfuhr begrenzt oder ausgeschlossen bleibt. In der Begründung des Ermächtigungsgesetzes zur Einführnng eines Stickstoffhandelsmonopoles heißt es: „Zur Erreichung dieser in Kriegszeiten geschaffenen, für die Sicherung des Ernteergebnisses der Landwirtschaft und des Rohstoffbedarfs der Sprengstoffherstellung überaus wichtigen Stickstoffindustrie auch nach dem Kriege, muß deren Rentabilität sicher gestellt werden. Auch dies ist nur bei zentralisierter Einfuhr durchführbar, wenn man nicht einfach Einfuhrverbote erlassen will, gegen die naturgemäß schwere Bedenken bestehen, weil sie weitergehend sind.

3. Von seiten der Industrie wird teilweise geltend gemacht, daß bei der bisherigen Art der Einfuhr die wichtige Rohstoffversorgung ausschließlich auf dem rein kommerziellen Interesse des Handels beruhte. Die Interessen der Industrie waren dabei nicht voll gewährleistet. Dies zeigt sich schon darin, daß der Handel nie große Notreserven angesammelt hat, so daß die Industrie gegenüber plötzlichen Preistreibereien machtlos war.

4. Auch das alte Argument, daß der Handel den Bezug verteure, wird angeführt. „Wir müssen nach dem Kriege", schreibt ein bekannter Industrieller, „billig unsere Rohstoffe einkaufen, um leistungsfähig zu sein. Dies wird sich in der Hauptsache nur dadurch erzielen lassen, daß die großen Zwischenhändler- oder Spekulationsgewinne wegfallen." Es wird auch ausgeführt, daß die große Zahl von Käufern, bei freier Betätigung des Handels, die Preise auf den überseeischen Märkten gegenseitig in die Höhe treibe.

Auch Naumann meint: „Es ist selbstverständlich, daß Staatssyndikate und Staatsmonopole anders arbeiten als bloße konkurrierende Privathändler." „Das Gesicht des deutschen Außenhandels ändert sich, wenn es in vielen Erzeugnissen erster Stufe als Käufer noch viel geschlossener auftritt als vorher. Das Ausland wird dann auch mehr vom deutschen wirtschaftlichen Militarismus sprechen, aber sie sind davon überzeugt, daß uns die Zwangsverwandlung der Kriegszeit nicht schlecht bekommt."

5. Endlich ist für manche Rohstoffe die Monopolisierung der Einfuhr gefordert, um dem Reiche eine Einnahmequelle zu geben. Dies ist auch bei Einfuhrsyndikaten, die nicht selbst staatlich sind, möglich, da ja der Gewinnüberschuß wieder dem Reiche zufließen soll. Jaffé beispielsweise sieht in den Einfuhrmonopolen außerordentlich zukunftsreiche Einnahmen. „Es bietet sich hier eine völlig neue, große Einnahmemöglichkeit für das Reich. Der einheitliche Kauf von Riesenmengen und die Einsparung von Zwischengewinnen sollten es der Zentraleinfuhrstelle möglich machen, dauernd große Einnahmen zu erzielen, ohne dem Konsum die Preise zu erhöhen. Im Notfalle könnten weitere Einnahmen durch Aufschlag auf die Preise erzielt werden, was dann allerdings ebenso wirken würde wie eine Zollerhöhung."

Gerade diese Begründung der Einfuhrzentralen führt zu der Frage, ob ausgesprochene Verstaatlichung der Einfuhr, wie sie auch Jaffé verlangt, nicht einem Privatmonopole mit Selbstverwaltung und Staatsaufsicht vorzuziehen ist. Trotz Staatsaufsicht wird bei einer „Selbstverwaltung" stets ein gefährlicher Einfluß mächtiger Interessenten wirksam sein. Die angestellten Syndikatsleiter sind zwar unter Aufsicht eines Kommissars, aber abhängig von den Interessentenkreisen.

Die Regierung hat bisher auf dem Standpunkte gestanden, daß die Übertragung der Monopolrechte an ein selbständiges Unternehmen besser ist als die Verwaltung in Regie des Reiches. Hierfür wird besonders die Hemmung geltend gemacht, die für den Geschäftsbetrieb einer staatlichen Behörde der Parlamentarismus und die bundesstaatliche Verfassung bedeutet.

Abgesehen von der Eröffnung des Einflusses der Interessenten kommt die Schaffung von Einfuhrsyndikaten, wie die Z.E.G., fiskalisch der Verstaatlichung der Einfuhr gleich. Der staatliche

[1] Jaffé, Grundsätzliches zur Reichsfinanzreform. Europ. Staats- und Wirtschaftszeitung. 1916. Nr. 4.

Kommissar wird stets ein weitgehendes Bestimmungsrecht bei der Festsetzung des Preiszuschlags haben und aus diesem wird sich jeweils der Überschuß, der in die Reichskasse fließen soll, ergeben.

In ähnlicher Weise, wie bei den Einfuhrmonopolplänen war seinerzeit und bei dem vorgeschlagenen Petroleummonopol vorgesehen, daß das Reich die Monopolrechte einer Gesellschaft „an Dritte" übertragen könne. Geplant war damals in dem dem Reichstage vorgelegten Entwurfe eine Vertriebsgesellschaft, auch in Form einer Aktiengesellschaft mit staatlichem Kommissar. Nach den Worten des Reichsschatzsekretärs im Reichstage sollte durch diese Wirtschaftsform dafür Gewähr gegeben werden, daß der Petroleumhandel nicht nach bureaukratischen Gesichtspunkten geleitet werden solle, denn in den Vorstand und Aufsichtsrat der Vertriebsgesellschaft würden die vorhandenen besten Fachleute kommen. —

Wie die Gründe für Einfuhrsyndikate mit denen für Einfuhrmonopolisierung zusammenfallen, so ist dies auch bei den Bedenken der Fall.

Zahlreiche schwere Bedenken stehen den angeführten Argumenten gegenüber.

Zunächst können vom volkswirtschaftlichen Standpunkte aus nur wenige Rohstoffe oder geeignete Einnahmequellen für das Reich angesehen werden. Es handelt sich nicht bei einer Belastung der Rohstoffeinfuhr um eine „Zollerhöhung", sondern um eine prinzipielle Umgestaltung unsrer gesamten Wirtschaftspolitik, die darauf beruhte, die nationale Arbeit durch Zölle zu schützen, die Rohstoffeinfuhr aber im Interesse der Leistungsfähigkeit der Industrie und im Interesse der Konsumenten in der Regel unbelastet zu lassen. Mag der Rohstoffschutz dort, wo eine eigene Rohstoffgewinnung geschützt oder ermöglicht werden soll, angebracht sein. Als allgemeine Einnahmequelle für das Reich, wie der Industrieschutz darf es nicht ausgebaut werden.

Als Schutz- und Stärkung des Rohstoffbezuges kann eine Monopolisierung der Einfuhr nur in Frage kommen, wenn der Rohstoff in den ausländischen Produkten bereits monopolisiert ist, wie dies bei der amerikanischen Petroleumproduktion der Fall ist. Dann, als Gegenmaßnahmen gegen ein ausländisches Monopol, kann die Verstaatlichung der Einfuhr angebracht sein, um beispielsweise in anderen Ländern Konkurrenzproduktionen zu ermöglichen und zu fördern.

Die Unkosten der großen Rohstoffgesellschaften lehren, daß Einfuhrsyndikate an Zwischengewinnen und nur in begrenztem Maße sparen können. Auch das Syndikat muß Agenten halten und Provisionen zahlen. Innerhalb des Betriebes selbst sind Ersparnisse durch die Zusammenfassung einer Vielheit bisher selbständiger Einheiten nicht möglich. Es ist eine stets beobachtete Tatsache, daß die Arbeitsintensität der einzelnen Angestellten nicht mit der Größe des Betriebes zunimmt, Arbeitsleistungen selbst werden gleichfalls durch die Zentralisierung nicht eingespart, im Gegenteil, ein Riesenbetrieb für Buchführung, Korrespondenz usw., wie ihn derartige Gesellschaften mit sich bringen, erfordert besondere Arbeit für die Durchführung des Bureaubetriebes.

Daraus ergibt sich ein weiterer Einwand gegen die Einfuhrmonopole. Staatsmonopole, zu denen wir auch die äußerlich staatlich organisierte privatwirtschaftliche Organisationsform rechnen, sind dann volkswirtschaftlich unbedenklich, ja erwünscht, wenn die wirtschaftlichen Grundlagen für ein sich aus der kapitalistischen Wirtschaft bildendes Privatmonopol vorhanden sind. Diese Grundlagen sind da, wenn ein Riesenbetrieb durch seine Größe billiger arbeiten kann, als es die einzelnen kleineren Betrieb können. Auf solchen Ersparnissen beruht in erster Linie die Macht der amerikanischen Truste. Bei einem gewerblichen Riesenbetriebe können durch Organisation der Arbeitsleistungen, durch Spezialisation der einzelnen Betriebsstätten, durch Zusammenfassung verschiedener Produktionsprozesse, durch Ausnutzung großer Anlagen, bedeutende Kostenvorteile erreicht werden. Bei einem Bureaubetriebe ist das nicht der Fall.

Beim Einkauf arbeitet im Gegenteil der bureaukratische Apparat einer Riesenorganisation teurer. In der Z.E.G. arbeiten 3600 Angestellte, auch in den Baumwoll-, Kupfer- usw. Syndikaten würden mehrere hundert Angestellte erforderlich sein. Die Arbeit des einzelnen wird beschränkt. Die Gesamtarbeit wird in viele Abteilungen zerlegt. Auch wenn an die Spitze der Syndikate gewiegte Kaufleute gestellt werden, so werden doch die einzelnen Angestellten nicht mit der Schnelligkeit und Geschicklichkeit arbeiten können, mit der der selbstinteressierte und selbstverantwortliche Händler arbeiten muß. Aus dem ganzen Aufbau ergeben sich zahlreiche **Hemmungen und Abhängigkeiten**, die ein schnelles Arbeiten erschweren.

Die Angestellten eines derartigen behördenähnlichen Betriebes werden, auch wenn sie aus dem Kaufmannsstande hervorgehen, bald „veramtet". Sie fühlen sich als **Verwaltungsbeamte**. Sie können nicht frei wagende Unternehmer bleiben, weil sie eine ganz andersgeartete Verantwortung tragen, als der finanziell selbstinteressierte Händler. Die Verantwortung potenziert sich mit der Höhe des anvertrauten Kapitals.

Hierdurch wird der Einkauf des Syndikats viel schwerfälliger als dies beim Handel der Fall ist. Das bedeutet, daß die Syndikate Konjunkturschwankungen, die bei Rohstoffen, die der Spekulation stark unterworfen sind, ständig vorkommen, nicht schnell folgen können.

Dazu kommt, daß der Handel ständig durch gegenseitigen Wettbewerb zur Ausnutzung aller Machtvorteile und zur aufmerksamsten Beobachtung aller Machtvorgänge gedrängt wird. Bei einem Monopol, das keine Konkurrenz hat, fällt auch dieser Anreiz fort.

Dies alles sind Nachteile, die sich aus der Bureaukratisierung des Einkaufes ergeben würden. Doch weitere Nachteile kommen hinzu.

Die Fehler einer Vielheit von Kaufleuten gleichen sich untereinander aus. Ungeschickte Händler verschwinden durch Unterliegen im Konkurrenzkampfe vom Markte. Fehler einer einzigen Einkaufzentrale können sehr verhängnisvoll werden. Um diese Fehler aber zu vermeiden, muß das Syndikat jede Spekulation vermeiden und auf die Abnehmer, das ist größtenteils die Industrie, abwälzen. Dies kann leicht zu schweren Erschütterungen führen, die ein beweglicher Handel, der sich schnell durch Gegenspekulation sichern kann, leichter ertragen kann, als die Industrie, die nicht nur kommerzielle, sondern vornehmlich technisch-industrielle Aufgaben zu erfüllen hat und deren Kapital zum größten Teil festgelegt ist.

Die „Zwischengewinne" des Handels, die eingespart werden können, werden so nicht nur durch die Verwaltungskosten, sondern auch durch die höheren Einkaufspreise zumindest ausgeglichen. Im übrigen aber würden die Industrien schon vor dem Kriege in weit erheblicherem Maße selbst oder durch gemeinsame Einkaufsbureaus die Rohstoffe direkt gekauft haben, wenn sie sich dabei besser gestanden hätten. Kein Gesetz und keinerlei Verpflichtung bestand für sie, durch die Vermittlung des Einfuhrhandels zu kaufen.

Ein weiterer Nachteil würde durch die Einfuhrsyndikate dadurch entstehen, daß diese nur den inländischen Markt versorgen würden. Der Transithandel in Rohstoffen wird damit unmöglich. Es liegt aber zweifellos im Interesse unserer Volkswirtschaft, auch im Interesse unserer Zahlungsbilanz, daß unsere Hafenstädte nach Möglichkeit den englischen Rohstoffzwischenhandel für das europäische Festland ablösen. Vor Liverpool war einst Amsterdam der bedeutendste Baumwollenmarkt Europas. Englands Bedeutung für den Zwischenhandel hängt wesentlich mit dem Freihandel zusammen. Ein Übergehen zum Schutzzoll oder zum Zollimperialismus würde dem englischen Transithandel großen Abbruch tun, während sich durch unsre geographische Lage, besonders bei weiterem Ausbau der Binnenwasserstraßen für uns noch große Entwicklungsmöglichkeiten für einen Transithandel ergeben. Je bedeutender der Durchfuhrhandel von Rohstoffen ist, um so größer ist unsere Käuferstellung auf dem Weltmarkte und um so größer werden auch für den Fall einer erneuten Absperrung der Zufuhr unsere Reserven sein, ohne daß für diese Reserven der inländische Markt die Kosten trägt. Es genügt, daran zu erinnern, wie wertvoll für uns die Lagerung und Übernahmemöglichkeit des Valerisationskaffees in Hamburg jetzt während des Krieges war.

Diese Bedenken gegen die Syndizierung und Monopolisierung der Rohstoffeinfuhr wiegen schwerer, als die Vorteile, die erwartet werden. Die Hauptbedenken sind, daß wir bei Ausschaltung des Einfuhrhandels auf die vielen persönlichen Bande und Beziehungen, die der Handel knüpfen kann, und daß wir den Einkauf, der von jeher die größte kaufmännische Geschicklichkeit und Anpassungsfähigkeit verlangt, bureaukratischen Verwaltungsapparaten übertragen würden.

Auch in der Industrie sind Bedenken entstanden, daß die mit der Syndizierung verbundene Einfuhr leicht als Einnahmequelle für das Reich ausgenutzt werden kann und ein principiis obsta setzt sich allmählich hier durch. Nur für wenige Rohstoffzweige, wie Petroleum, vielleicht künftighin auch Kupfer, wird aus Gründen, die in der drohenden Monopolisierung der Produktion liegen, ein Reichsmonopol gefordert. Wenn der Rohstoff auf den fremden Märkten bereits monopolisiert ist, dann kann der Einfuhrhandel keine wesentlichen Funktionen mehr erfüllen.

3. Die Verteilungssyndikate.

Gerade diejenigen Industriekreise, die zuerst begeistert für Einfuhrsyndikate eingetreten sind, wie beispielsweise die Baumwollspinner, sind heute nach eingehender Beratung von diesem Plane abgekommen. Aus dem Bestreben heraus, die Vorteile eines Rohstoffsyndikates mit der Aufrechterhaltung des Einfuhrhandels zu verknüpfen, hat sich der Vorschlag entwickelt, Verteilungssyndikate zuzulassen.

Auch für diese Verteilungssyndikate soll die Form der heute bestehenden Kriegs-Rohstoffgesellschaften mit Selbstverwaltung unter staatlicher Aufsicht beibehalten werden. Im Gegensatz aber zu den Einfuhrsyndikaten soll der Einkauf dem Handel überlassen werden. „Freie Bahn dem Handel" heißt es jetzt wieder. Der Handel soll sich frei entfalten können, soll aber verpflichtet sein, für den deutschen Bedarf nur an die Verteilungszentrale zu liefern. Diese wird gleichfalls durch Zusammenschluß der interessierten Produktionsgruppen gebildet, auch hierfür ist nötigenfalls Zwang erforderlich. Die Verteilungsstelle verfügt stets über die für den inländischen Markt zur Verfügung stehenden Rohstoffmengen. Ihr liegt es ob, für genügende Reserven zu sorgen und eine gerechte, gleichmäßige Verteilung, das heißt eine Kontingentierung der Produktion vorzunehmen. Sie kann Preistreibereien verhindern und gleichzeitig eine Kontrolle darüber ausüben, daß mit den fremden Rohstoffen sparsam gewirtschaftet wird und die dringendsten Bedürfnisse zuerst befriedigt werden.

Gegenüber dem Einfuhrsyndikate beruhen die Vorteile darin, daß der Einkauf selbst nicht von dem schwerfälligen Syndikate, sondern vom Einfuhrhandel besorgt wird und daß dieser gleichzeitig die Möglichkeit besitzt, das Transitgeschäft zu pflegen. Endlich glaubt man auch, daß durch diese Organisation die Einschränkung des Bedarfes verbunden werden kann mit einer bequemeren Erledigung der Verpflichtungen. Ein Einfuhrsyndikat würde zu gewissen Zeiten außerordentlich große Zahlungsverpflichtungen haben, die die Währungsbalanzierung schwer belasten würden. Bei Einkauf durch den Handel, der die persönlichen Beziehungen wahren und in Anspruch nehmen kann, ist ein allmählicher Abbau leichter zu erreichen. Schon heute haben die deutschen Einfuhrhändler mit ihren überseeischen Verbindungen ausgemacht, daß die ersten großen Käufe nach Friedensschluß mit Dreimonatswechsel auf New York beglichen werden sollen, so daß in der ersten Friedenszeit eine sofortige starke Belastung der Devise verhindert wird.

Die Regierung steht dem Vorschlage der Errichtung von Verteilungssyndikaten, soweit bekannt, günstig gegenüber, weil auch diese Organisation die nötigen Reserven sichert und eine Regulierung der Einfuhr nach handelspolitischen Notwendigkeiten möglich macht.

Die Industrie ist gleichfalls zum großen Teil für eine Verteilungszentrale eingetreten. Diese gibt ihr die Möglichkeit, die Produktion zu regeln, das Angebot einzuschränken und einen gegenseitigen Wettbewerb auf dem Markte auszuschließen. Das Einfuhrsyndikat gibt für Preisverabredungen eine weit sicherere Grundlage als Kartellverträge, und da es zwangsweise die ganze Produktion umfaßt, verhindert es Außenseiter.

Auch der Einfuhrhandel hat sich in den Vorbesprechungen für die Verteilungssyndikate ausgesprochen. Die drohende Gefahr der Einfuhrsyndikate gefährdete die Existenz, das Verteilungssindikat sichert zum gewissen Teile den Bestand.

Vom volkswirtschaftlichen Standpunkte, besonders vom Konsumentenstandpunkte aus bestehen aber auch gegen diesen Plan große Bedenken.

Der Handel wird allerdings beibehalten und die Einfuhr selbst wird nicht unmittelbar beengt. Aber da der ganze Handel an eine einzige Verteilungsstelle liefert, so müssen die Händler ihre Selbständigkeit bald verlieren. Sie werden Agenten des Syndikates für den Einkauf, wie die Kohlenhändler Agenten des Kohlensyndikates für den Verkauf geworden sind. Ihre Zahl wird begrenzt bleiben und damit ihre Existenz dauernd gesichert sein, aber der Anreiz, der sich für sie durch den Wettbewerb ergab, beim Einkauf alle Marktanteile auszunutzen, wird fortfallen. Auch sie werden mit der Zeit „veramtet".

Bedenklicher als die Schwächung des Handels ist der Einfluß des Verteilungssyndikates auf die Verarbeiter der Rohstoffe.

Das Syndikat wird die Monopolstellung nicht ausnützen, es wird die Verteilung gegen eine kleine Gebühr, die auch die Kosten der Reservelagerung einschließt, besorgen. Jeder Gewinnanreiz ist ja dadurch ausgeschlossen, daß die überschießenden Gewinne dem Reiche zufließen.

Das Verteilungssyndikat gibt indessen den Rohstoffverarbeitern eine feste Grundlage zu eigener Monopolisierung.

Wie die Zahl der Händler, wird die Zahl der Rohstoffverarbeiter begrenzt bleiben. Die systematische Verteilung und die Kontingentierung der Produktion erfordert dies. Da die Verteilung durch den Selbstverwaltungsapparat erfolgt, so wird man sich jeder neuen Konkurrenz zu erwehren wissen.

Die Kontingentierung selbst begrenzt den Wettbewerb und regelt das Angebot. Die Industrie wird ständig weniger anbieten, als verlangt wird. Sie verhindert damit jedes gegenseitige Unterbieten. Sie sichert sich damit einen Monopolgewinn, der bis dahin nur bei Rohstoffen, die in ihrem Vorkommen stark beschränkt waren,

Dieser Monopolgewinn wird bei der kapitalistischen Wirtschaft in zweierlei Hinsicht wirken.

Erstens wird sich das Kapital, das sich zur gemeinsamen Verteilung zusammengefunden hat, enger zusammenschließen. Dieser Zusammenschluß „in horizontaler Richtung“ sichert die Vorteile der Monopolstellung noch weiter als das Gesetz, er ermöglicht ferner weitgehendere Spezialisierung der einzelnen Betriebe.

Zweitens wird sich das Kapital in „vertikaler Richtung“ auszudehnen suchen und zwar auch aus zwei Motiven. Die die Rohstoffe verarbeitende Stufe hat durch die Monopolstellung es nicht nötig, den nachfolgenden Stufen gleichfalls einen Anteil am Monopol zu geben. Sie wird den Monopolvorteil dadurch voll auszunutzen suchen, daß sie die Weiterverarbeitung weitgehendst angliedert. Auf der andern Seite werden die Weiterverarbeiter selbst Anlehnung an die monopolisierte Produktionsstufe suchen, um sich den Materialbezug zu sichern und um an den Monopolvorteilen teilzunehmen.

Dieser Entwicklungsprozeß wird sich nicht von heute auf morgen, aber er wird sich immerhin schnell vollziehen.

Die nicht mit der monopolisierten Rohstoffverarbeitung verbundenen Produktionsstufen werden das Halbfabrikat teuer kaufen müssen. Das Unternehmen, das an der ersten Stufe weit in die nachfolgenden Produktionsstufen hineinreicht, wird den übrigen überlegen sein und diese Überlegenheit führt im Wettbewerb zur Vernichtung oder zwingt, den gleichen Weg zu gehen.

So müssen wir damit rechnen, daß auf Grund der Kontingentierung der Rohstoffverteilung, auf Grund der systematischen Begrenzung der Halbfabrikationserzeugung Industrien bei uns vertrustet werden, die bis dahin ausgesprochene Konkurrenzindustrien waren, bei denen die Gefahr einer privaten Monopolisierung als ausgeschlossen erschien.

Diese Voraussage ist keine weltfremde Theorie, sie ergibt sich aus einer Beobachtung der Entwicklung der kapitalistischen Industrie.

Für manche Industrie, die wie die Schwerindustrie bei uns schon heute trustähnlich zusammengesetzt sind, fallen allerdings die gegen Verteilungssyndikate angeführten Bedenken zum großen Teil fort. Bei diesen Industrien hat schon heute der Handel keine weitgehende Selbständigkeit mehr. —

Zweifellos würden auch die Verteilungssyndikate bei einer nicht zusammengefaßten Industrie und besonders bei Rohstoffen, die qualitativ mannigfaltig sind, einen großen bureaukratischen Apparat erfordern, der besondere Kosten verursachen würde. Um diese Kosten zu vermeiden, ist vielfach angeregt, bloß die Einfuhr zu kontingentieren.

Eine bloße Kontingentierung der Einfuhr durch das Reich soll die im Interesse der Valuta notwendige Einschränkung bringen. Eine derartige Kontingentierung würde zunächst gleichfalls die Begrenzung der Rohstoffmengen bedeuten und dadurch zu Monopolgewinnen führen, nur mit dem Unterschiede, daß auch der Handel an diesem Monopolgewinn Anteil nehmen würde. Mit der starren Kontingentierung der Einfuhr mußte bei Rohstoffen, die ausschließlich vom Auslande eingeführt werden, unbedingt eine Kontingentierung des Bedarfes verbunden sein.

Die Entwicklung der Industrie und die Anpassung an die nach dem Kriege zu erwartende völlige Neugestaltung der Marktverhältnisse wird dadurch sehr erschwert. Die jeweilige Festsetzung der Einfuhrmenge wird stets eine folgenschwere Entscheidung bedeuten.

Vor allem löst eine bloße Kontingentierung der Einfuhr das Rohstoffproblem nur unvollkommen. Wohl wird ein Sinken der Valuta durch spekulative Käufe teilweise verhindert, aber dies würde die einzige Wirkung sein. Eine Sicherung der Rohstoffversorgung für den Fall einer erneuten Zufuhrsperre oder Zufuhrerschwerung würde nicht erreicht werden.

4. Die Einfuhrbanken.

Es fragt sich, ob die Forderungen, die an die Rohstoffversorgung nach dem Kriege gestellt werden müssen, nicht auch ohne zwangsweise Syndizierung der Einfuhr oder der Verteilung und doch in vollkommenerem Maße als dies bei bloßen Kriegsreserven oder bloßer Kontingentierung der Einfuhr möglich ist, erfüllt werden können.

Es handelt sich darum, dem Einfuhrhandel die Beweglichkeit zu lassen und doch dabei für eine stärkere Vertretung der Allgemein- und Reichsinteressen bei der Einfuhr Gewähr zu schaffen. Es muß eine Organisation geschaffen werden, die sowohl den Bedürfnissen des Krieges wie des Friedens entspricht.

Die einzige Organisation unseres Wirtschaftslebens, die jetzt im Kriege nicht der Neueinstellung und Umgruppierung bedurfte, ist die Organisation unseres Bankwesens.

Diese Überlegung hat zu dem Vorschlage geführt, auch für die Rohstoffeinfuhr eine ähnliche Organisation vorzuschlagen.

Rohstoffbanken statt Rohstoffsyndikate.

Der Vorschlag sollte eine Anregung sein[1]; die Zustimmung, die er gefunden hat, läßt annehmen, daß der Weg gangbar ist.

Der prinzipielle Unterschied zwischen diesem Vorschlage und den bisher erörterten Plänen ist der, daß neben dem Handel nebengeordnet nicht unmittelbar übergeordnet eine neue Organisationsform für die Zukunft geschaffen werden soll, als eine ausschließliche Vertretung der Allgemein- und Reichsinteressen.

Die äußere Form und Organisation der Einfuhr- oder Rohstoffbanken würde etwa folgendermaßen aussehen:

1. Das Kapital wird wie bei den Kriegsrohstoffgesellschaften durch Privatkapital aufgebracht. Um aber nicht dieses Kapital durch zwangsweise Umlage aufzubringen, würde eine Gewinn-

[1] Landauer, Einfuhrsyndikate oder Einfuhrbanken? Frankfurter Ztg. Nr. 302. Erstes Morgenblatt vom 31. Oktober 1916.

möglichkeit von vornherein nicht auszuschließen sein. Hingegen müßte dem Reiche ein bestimmter Anteil am Gewinn zufließen und dieser Anteil müßte progressiv steigen.

2. Die Beamten der Einfuhrbanken werden ernannt. — Dieser Vorschlag hat, wie verschiedene Zuschriften zeigen, viele Bedenken erweckt. „Statt Kaufleuten, statt Sachverständigen, Burkeauraten?" Die so einwenden, vergessen, daß die Beamten jedes großen Verwaltungsapparates mit der Zeit Bureaukraten werden, gleich ob sie in der Selbstverwaltung, in großen Wirtschaftsunternehmen oder in Behörden arbeiten. Ein Blick auf die Stadtverwaltungen zeigt dies zur Genüge. Sachverständige und Kaufleute sollen es trotzdem sein. Die freie Bahn für den Tüchtigen wir dnicht ohne weiteres dadurch versperrt, daß eine Ernennung der Beamten durch das Reich erfolgt. Der Grund, der gegen die Selbstverwaltung der Einfuhrbanken durch die Interessenten spricht, ist gerade der, daß diese Banken zunächst nicht die Interessen der Rohstoffhändler oder Rohstoffverarbeiter, sondern die allgemeinen Interessen der Staats- und Volkswirtschaft zur Geltung bringen sollen.

3. Für die Verwaltung muß Vorsorge getroffen werden, daß eine einzelne Interessentengruppe durch Mehrheit im Aktienbesitz weitgehenden Einfluß gewinnen kann. In dieser Hinsicht waren auch schon im Entwurfe zum Petroleummonopol seiner Zeit besondere Bestimmungen getroffen. Es heißt in dieser Vorlage: „Das Grundkapital wird in Inhaber- und Namensaktien zerlegt. Die Namensaktien werden bei der Reichsbank hinterlegt, ihre Übertragung bedarf der Zustimmung des Reichskommissars. Das Stimmrecht in der Generalversammlung muß so gestaltet sein, daß nicht weniger als die Hälfte der Stimmen auf Namensaktien entfällt" usw. „Die Wahl des Aufsichtsrates und innerhalb desselben die Wahl des Vorsitzenden und dessen Stellvertreters bedürfen der Bestätigung des Reichskanzlers."

4. Die Betätigung der Einfuhrbanken würde erstens im Rohstoffhandel selbst liegen. In gleicher Weise wie der Handel würde die Einfuhrbank auf den fremden Märkten Rohstoffe einkaufen und im Inlande wieder verkaufen. Sie würde damit den Händlern zur Konkurrenz werden. Indessen würde die Bank, wie sich schon aus ihrer Organisation ergibt, nach ganz anderen Gesichtspunkten kaufen als der Handel. Der Rohstoffhandel kauft

in der Regel auf Grund von Aufträgen, jedenfalls meist auf Grund des jeweiligen Bedarfes. Sein Interesse liegt in einem schnellen Kapitalumschlage. Anders würde dies bei der Bank sein, der bedeutende Mittel ständig zur Verfügung stehen und die dem Tagesgeschäft, infolge ihrer bureaukratischen Form nicht so schnell folgen kann und soll. Die Einfuhrbank wird in erster Linie auf Vorrat kaufen. Sie wird kaufen und verkaufen, nach Gesichtspunkten, die sich aus der allgemeinen wirtschaftlichen, oft auch politischen Situation ergeben.

5. Den Rohstoffbanken fällt ferner die Vorratssorge zu. Die Bank, war gesagt, kauft nicht für den täglichen Bedarf der Industrie, sondern auf Vorrat. Sie lagert Vorräte und gibt diese ab, wenn es ratsam erscheint. Die Größe des Reservelagers wird man zweckmäßigerweise nicht scharf begrenzen, sondern innerhalb eines gewissen Spielraums dem Ermessen der Leitung überlassen. Durch eine geschickte Handhabung der Vorratspolitik würde der deutsche Markt eine wesentliche Stärkung gegenüber den Spekulationen der überseeischen Produzenten und Börsen erhalten. Dadurch, daß zu gegebener Zeit von den Reserven in weitgehendem Maße abgegeben werden kann, zu anderer Zeit das Reservelager vergrößert wird, kann eine größere Gleichmäßigkeit in den Preisen erzielt werden. Es genügt, hier auf die großen Krisen hinzuweisen, die die heftigen Preisschwankungen der Baumwolle der Baumwollindustrie gebracht haben. Im Jahre 1904 sind infolge von Spekulation auf der New Yorker Baumwollbörse Preisveränderungen von 152% vorgekommen. Gegenüber dieser Spekulation waren wir bislang machtlos. Wir mußten alle Haussen mitmachen und uns gefallen lassen, daß mit unserem Gelde beispielsweise am 28. August 1910 durch eine gelungene Hausse 80 Millionen Mark in New York verdient wurden.

Im Laufe der Zeit — die ersten Monate kommen aus Währungsgründen sowieso nicht in Frage — müssen die Vorräte so organisiert werden, daß sie zugleich Notreserven werden. Zu diesem Zwecke müssen in verschiedenen Gegenden große Lageranlagen errichtet werden. Um das Geld für die Reserven aufzubringen, muß das Warrantsystem weiter ausgebildet werden. Die Warrants mit der Unterschrift der Rohstoffbanken müssen von der Reichsbank diskontiert werden und eventuell als Deckung für Noten dienen.

Diese beweglichen Reserven werden auch unsere handelspolitische Stellung stärken. Vor dem Kriege konnten die Rohstoffländer ohne Zweifel einen großen Druck auf uns ausüben. Ein Zollkrieg war für uns außerordentlich gefährlich. Durch Schikanen zur Zeit nach der Ernte konnte beispielsweise bei Baumwolle Deutschland in eine schwierige Situation kommen. Demgegenüber werden wir selbständiger werden.

6. Endlich müssen die Einfuhrbanken das Monopol für die Bevorschussung schwimmender oder lagernder Sendungen bekommen. Durch dieses Monopol bekommen sie die Macht, auf den Handel einzuwirken. Durch die Bevorschussung kann die Bank auf eine wünschenswerte Einschränkung oder Steigerung der Zufuhr hinwirken. Der Zins für die Bevorschusung muß dabei so gehalten sein, daß er die Kosten der Verwaltung und Lagerung, soweit sie nicht durch das Rohstoffgeschäft der Banken aufgebracht werden, deckt. Dadurch wird zweifellos der Konsum belastet, aber wohl in einer am wenigsten fühlbaren Weise. Das Geld für die Bevorschussung muß durch Relombardierung bei der Reichsbank aufgebracht werden.

Es kann hier eingewandt werden, daß die Monopolisierung der Bevorschussung schwimmender Sendungen den Großbanken einen wichtigen Geschäftszweig entzögen, aber bei Einfuhrsyndikaten würden die Banken noch weitgehender ausgeschaltet sein.

7. In Verbindung mit der Bevorschussung müßte die Pflicht der Deklaration aller sichtbaren Vorräte bestehen. Dadurch würden die Einfuhrbanken stets einen Überblick über die tatsächlich vorhandenen Vorräte haben. Wir würden nicht mehr auf Schätzungen angewiesen sein.

8. Die Einfuhrbanken müßten auf die einzelnen Rohstoffzweige spezialisiert sein. Es müßte eine „Reichswollbank", eine „Reichsjutebank", eine „Reichsbaumwollbank" usw. geben. Sitz dieser Banken müßte der Haupthandelsplatz der einzelnen Rohstoffe sein, damit stets eine enge Fühlungnahme mit dem Handel und den Rohstoffbörsen möglich ist. Die einzelnen Rohstoffbanken müßten in einer Zentralstelle wieder bei der Reichsbank zusammengefaßt sein. Diese Zentrale würde in gemeinsamer Arbeit mit der Devisenzentrale vor allem auch für eine konsequente Währungspolitik sorgen müssen.

9. Endlich fällt den Einfuhrbanken die Aufgabe zu, bei

Ausbruch eines neuen Krieges sofort die **Kriegsorganisation** einzurichten. Mit Recht sagt **Rathenau** „Nie wieder kann und darf es uns geschehen, daß wir wirtschaftlich unzulänglich vorbereitet in einen neuen Krieg hineinkommen. . . .“ „Eine umfangreiche statistische und Verwaltungsarbeit wird sich hieraus ergeben. Es muß ferner dafür gesorgt werden, daß die Umstellungen, die dieser Krieg in gewaltsamer Weise herbeigeführt hat, in Zukunft selbsttätig und ohne Erschütterungen vor sich gehen. Ein allgemeiner wirtschaftlicher Mobilmachungsplan muß geschaffen und dauernd erneuert werden.“ Wie die Reichsbank das Zentrum für die finanzielle Mobilmachung war, so müssen es die Einfuhrbanken für die einzelnen Industriezweige werden. Wohl niemand glaubt heute, daß nach dem Frieden ein neuer Krieg bald kommen wird, aber für die Wirtschaft gilt zweifellos: Ci vis pacem para bellum. Nur wenn ein Wirtschaftskrieg aussichtslos ist, wird er sich nicht wiederholen.

Im vorhergehenden sollten Form und Aufgaben der Einfuhrbanken kurz skizziert werden, ein fertig ausgearbeiteter Plan kann es nicht sein.

Die Vorzüge der Einfuhrbanken würden zum großen Teil im Negativen liegen. Sie würden Notwendiges bringen, ohne die schweren Nachteile der Syndikate, ohne die Monopolisierung wichtiger Rohstoffe, ohne die Ausschaltung des wirtschaftlich wichtigen Einfuhrhandels.

Ein Mittelweg würde geschaffen zwischen staatlicher Regulierung und freier Entfaltung der wirtschaftlichen Kräfte.

Die Kosten würden zweifellos durch eine derartige Organisation leichter aufgebracht werden als bei den Einfuhrsyndikaten.

Eine generelle Bureaukratisierung von Industrie und Handel, wie sie sowieso schon unserem Wirtschaftsleben droht, würde vermieden, zumindest nicht gefördert.

Vor allem würde unsere Stellung auf den fremden Märkten bedeutend gestärkt. Und unser Einfuhrhandel würde an den Einfuhrbanken eine wesentliche Stütze finden.

Für unsere fremde Rohstoffe verarbeitende Industrie würde der Einfluß der Rohstoffbanken auf die Preisbewegung von großem Werte sein. Die durch die Preisstürze herbeigeführten Krisen werden vermindert werden. Dies liegt sowohl im Interesse des Kapitals wie im Interesse der Arbeiter. Starke Arbeiterentlassungen, wie sie in der Wollindustrie beispielsweise eingetreten sind, werden sich so verhindern lassen.

Für das Reich und die Regierung wird eine Organisation geschaffen, die eine Wahrung der allgemeinen und Reichsinteressen besser gewährleistet als Selbstverwaltungskörper, Syndikate. Der Einfluß eines Kommissars ist bei diesen Körpern doch sehr problematisch. Nicht immer kann die Wirtschaftspolitik, die auch nur die Politik einer machtbesitzenden Mehrheit sein würde, die Politik der Regierung sein. Es ist unbedingt notwendig, daß wie in dem Bankwesen, auch in der Rohstoffeinfuhr eine wirksame Vertretung des Staatsinteresses geschaffen wird.

V.

Schlußbetrachtungen.

Es liegt fern, in den Einfuhrbanken das allein selig machende Mittel zur Lösung des Problems zu sehen. Eine einheitliche Organisationsform für die Rohstoffeinfuhr wird um so weniger angebracht sein, als bei einzelnen Rohstoffen die Einkaufs- und Absatzverhältnisse sehr verschieden sind. Der Petroleum- und Kupfermarkt ist ein anderer als der Wollmarkt, der Baumwollmarkt, der Kautschukmarkt sind wieder ein anderer als der Kaffeemarkt. Bei manchen Rohstoffen droht oder besteht ein Monopol der Produzenten, bei anderen wieder ist eine Monopolisierung der Produktion nicht zu erwarten, da der Rohstoff in unbegrenzter Menge erzeugt oder gewonnen werden kann. Manche Rohstoffe sind untereinander sehr mannigfaltig, bei anderen gibt es nur geringe qualitative Unterschiede. Manche Rohstoffe beziehen wir ausschließlich vom Auslande, bei anderen wieder nur den überschießenden Bedarf, unser eigenes Produktionsdefizit. Endlich beziehen wir manche Rohstoffe aus verschiedenen Ländern, andere wiederum fast ausschließlich von einem einzigen anderen Wirtschaftsgebiete.

Auf der anderen Seite ist auch der Absatz der Rohstoffe sehr verschiedenartig. Einige Rohstoffe, wie z. B. Metalle, haben einen begrenzten Absatz, andere, wie die Textilwollstoffe, werden von einer großen Anzahl von Unternehmern verarbeitet, wieder andere wie Petroleum sind Bedarfsartikel des Massenkonsums.

Bei einigen Rohstoffen ist der Bedarf örtlich konzentriert, bei anderen erstreckt er sich über das ganze Reich.

Aus diesen Verschiedenheiten und aus der Verschiedenheit der berührten Interessen erklärt sich die große Zahl von Vorschlägen, die gemacht sind. Zwischen den beiden extremen Möglichkeiten, vollständige Verstaatlichung der Einfuhr und vollständige Wiederherstellung des früheren Zustandes der ungezügelten freien Einfuhr, bestehen zahlreiche Kombinationsmöglichkeiten. Sie werden im Prinzip aber alle mehr oder weniger auf die hier erörterten vier Vorschläge hinauslaufen und die hier angeführten Bedenken oder Vorzüge auslösen.

Aus den großen Verschiedenheiten im Charakter der Rohstoffe ergibt sich aber auch die Schwierigkeit der Lösung des Rohstoffproblems.

Die Schwierigkeiten der Lösung der Aufgabe darf uns nicht daran hindern, Entschlüsse zu fassen. Wir dürfen uns nicht wieder, wie vor dem Kriege, in polemischen Erörterungen verlieren und im entscheidenden Augenblicke durch die Tatsachen überrascht werden. Die Erörterung ist unbedingt notwendig, aber sie muß zu Vorschlägen und Beschlüssen führen.

Wir müssen uns ständig darüber klar sein, daß unsere wirtschaftliche Stellung eine weit schwierigere ist. Die vielen Vorbereitungen unserer Gegner auf einen Wirtschaftskrieg nach dem Kriege, auf Abschließung bisher uns offener Märkte, mahnen uns, uns rechtzeitig einzurichten. Wenn wir auch den Weltboykott Deutschlands nicht fürchten brauchen, weil eine dauernde Ausschaltung Deutschlands vom Weltmarkte auf die Dauer unmöglich ist und keineswegs im Interesse unserer heutigen Feinde liegt, so werden wir doch mit zahlreichen Erschwerungen unseres Außenhandels zu rechnen haben.

G e r a d e d i e e r s t e Z e i t nach dem Kriege erfordert eine zielbewußte und weitschauende Wirtschaftspolitik nach innen und nach außen. Gerade in der ersten Zeit ist weitgehende Einheitlichkeit notwendig und ein Unterordnen der Einzelinteressen unter die der Gesamtheit unerläßlich. Für die ersten Monate bestehen die größten Schwierigkeiten in der Beschaffung von Zahlungsmitteln, von Frachtraum, in der Überwindung kleinlicher Schikanen usw. Gerade in der ersten Zeit benötigt auch der Handel den Schutz und die Rückenstärkung durch das Reich.

Aber nicht nur für die erste Zeit, nicht nur für eine Übergangszeit von wenigen Jahren müssen wir die Rohstoffversorgung regeln.

Nicht nur für die Zeit der „Übergangswirtschaft" droht uns eine neue Absperrung oder Einfuhrerschwerung, nicht nur für drei bis vier Jahre werden wir die Schwierigkeiten mit dem Ausgleich unserer Zahlungsbilanz haben.

Es ist schwer zu verstehen, daß heute weite Interessentenkreise eine Einfuhrregelung lediglich für die Übergangszeit wünschen. Was soll nach der Übergangszeit sein? Soll dann wieder das freie Draufloswirtschaften, ohne jede Sicherung, beginnen oder sollen die Einfuhrsyndikate usw. nach der Übergangszeit die Grundlage für künstliche purale Monopole ohne staatliche Aufsicht bilden?

Eine Zentralisierung der Einfuhr nur für die Übergangszeit würde genau so bedenklich sein, wie die volle Wiederherstellung des bisherigen Zustandes für diese Zeit. Gerade für die Übergangswirtschaft ist eine Einfuhrorganisation notwendig, die schnell anpassungsfähig und beweglich ist, dabei aber doch die nötigen Sicherheiten gibt. Für viele Rohstoffe wird gerade für diese Zeit die Schaffung von Einfuhrbanken große Vorteile bringen. Eine bureaukratische Organisation und die Ausschaltung des Einfuhrhandels würde in der ersten Zeit besonders nachteilig sein.

Wir müssen aus den begangenen Fehlern lernen, ohne in neue zu verfallen; wir dürfen keine Augenblickspolitik betreiben, sondern müssen eine dauernde Sicherung unserer Rohstoffversorgung, eine dauernde Stärkung unserer Weltmarktsstellung erstreben.

Mit beweglichen Vorratsreserven, mit einer einheitlichen und systematischen Einfuhr- und Devisenpolitik, mit verstärkter Vertretung des Allgemeininteresses bei der Rohstoffversorgung werden wir den Kampf gegen die wirtschaftlichen Maßnahmen unserer Feinde nach dem Kriege getrost aufnehmen können.

Der Krieg hat gezeigt, wie leistungsfähig unsere Wirtschaft bei Anspannung aller Energien sein kann.

Abhängig bleiben wir allerdings auch dann vom Auslande. Aber diese Abhängigkeit ist mit jeder Arbeitsteilung, auch mit der internationalen Arbeitsteilung verbunden. „Die Abhängigkeit", schrieb vor 12 Jahren der jetzige Staatssekretär des Innern[1], „in die der internationale Warenaustausch die einzelnen Volkswirtschaften bringt, wird dadurch gemildert, daß sie — wenigstens im großen und ganzen — eine gegenseitige ist. Die Länder, an die wir unsere Industrieprodukte absetzen, haben ein Interesse daran, daß wir ihnen ihre überschüssigen Erzeugnisse, insbesondere Nahrungsmittel und Rohstoffe abnehmen.“ Und umgekehrt! Wir sind, trotz des großen Unterschiedes im Wertverhältnis, von Amerika im Baumwollbezuge kaum abhängiger als Amerika, bei der Entwicklung der dortigen Baumwollindustrie, besonders auch als Exportindustrie, im Farbenbezuge dauernd von uns abhängig ist.

Je stärker unsere Stellung als Verkäufer ist, um so stärker ist auch unsere Käuferstellung, je stärker unsere Käuferstellung ist, um so stärker ist unsere Verkäuferstellung.

Die gegenseitige Abhängigkeit im weltwirtschaftlichen Betriebe wird nur dann gefährlich sein, wenn ein einziges Land in einem von anderen Ländern dringend benötigten Produkte oder Rohstoffe ein Monopol besitzt, wie es beispielsweise vor dem Kriege Chile in Salpeter besaß. Die beste Abwehr gegen ein derartiges Monopol ist die Förderung der Konkurrenz in anderen Ländern und die systematische Konkurrenzerzeugung im eigenen Lande oder in Kolonien.

Der Ausbau unserer Kolonien wird nach dem Kriege eine wesentliche Aufgabe unserer Wirtschaftspolitik sein müssen. In einzelnen Rohstoffen, wie Kautschuk, Sissalhanf, Ölfrüchten usw. lieferten in den letzten Jahren unsere Kolonien bereits einen bedeutenden Anteil unseres Bedarfes. Für andere Rohstoffe, wie Baumwolle, ferner Kaffee, sind vor dem Kriege die Kulturen in unseren Kolonien systematisch entwickelt. Gerade für die Baumwollkulturen würde ein Ausbau unseres Kolonialbesitzes in klimatisch gesunden Gegenden Afrikas von großem Werte sein. Bisher wurde die Entwicklung dadurch sehr beeinträchtigt, daß in den in Frage kommenden Gegenden das Klima den dauernden Aufenthalt von Weißen unmöglich machte.

Bis unsere Kolonien unseren Rohstoffbedarf decken können,

---

[1] Karl Helfferich, Die Baumwollfrage. Marine-Rundschau. Berlin 1904.

wird indessen noch sehr lange dauern, sofern dies bei dem Mangel an geeigneten Arbeitskräften, sowie der geringen Arbeitsintensität der Schwarzen überhaupt je möglich sein wird. Vor dem Kriege lieferten die deutschen Kolonien noch nicht 1 % der gesamten deutschen Einfuhr.

Für absehbare Zeit werden wir in der Einfuhr ebensowenig wie in der Ausfuhr auf die rege Anteilnahme an der Weltwirtschaft verzichten können. Der Satz: „die Welt unser Feld" wird auch nach dem Kriege wieder für unsere Industrie und unseren Handel gelten müssen, aber die Weltmarktswirtschaft ist deshalb nicht Selbstzweck unserer Arbeit. Das Ziel alles unseres Wirtschaftens bleibt die gesunde wirtschaftliche, soziale und kulturelle Entwicklung unseres Volkes.

Inhalt.

I.

Das Rohstoffproblem.

Was Deutschland in den letzten Jahrzehnten dem Weltmarkte gab, waren im wesentlichen nicht eigene Bodenschätze, war nicht Kapital, für das wir im Auslande Anlage suchen mußten, sondern war Arbeit. Auf unsrer Arbeit beruht unsre schnelle wirtschaftliche Entwicklung, und die damit verbundene ständige Hebung des Volkswohlstandes. Die zur höchsten Leistungsfähigkeit gesteigerte Arbeit unserer dichten Bevölkerung, die durch den Besitz ergiebiger Kohlenlager, noch begünstigt wurde, konnten wir nur dadurch innerhalb unsrer nationalen Wirtschaft leisten, daß wir fremden Boden uns nutzbar machten und fremde Rohstoffe verarbeiteten, die wir dann zum Teil als gebrauchsfertige Erzeugnisse wieder ausführten. Nur so konnte es möglich werden, daß wir auf demselben Grund und Boden innerhalb von 50 Jahren einer fast doppelt so großen Bevölkerung Unterhalt, Nahrung und Beschäftigung geben konnten, daß wir den ständigen Bevölkerungszuwachs dem eigenen Lande erhalten konnten, bei gleichzeitiger Verbesserung der wirtschaftlichen Lage der arbeitenden Klassen. Und alles dies bei einer intensiven technischen Entwicklung, bei der zunehmend menschliche Arbeit durch Maschinen ersetzt wurde.

Ohne die Einfuhr fremder Rohstoffe und ohne die Ausfuhr der mit unserer Arbeit fertiggestellten Waren hätte unsere schnell anwachsende Bevölkerung auswandern oder verhungern müssen. Etwa ein Fünftel unserer Bevölkerung lebte vor dem Kriege unmittelbar vom Außenhandel.

Mit unserem Außenhandel stieg unser Volkswohlstand und sank die Zahl unserer Auswanderer.[1]

---

[1] In den letzten 30 Jahren ist die Zahl der Auswanderer von etwa 200000 im Jahre auf etwa 20000 gefallen. Die Zahl der in der Industrie

Je mehr Deutschland Industriestaat wurde, wurde unsere Einfuhr ausgesprochene Rohstoffeinfuhr, unsere Ausfuhr Fabrikatausfuhr. Im Jahre 1912 bestand 45 Prozent unserer Einfuhr in Rohstoffen für unsere Industrie, 28 Prozent in Nahrungs- und Genußmitteln, 11 Prozent in halbfertigen Waren und weniger als 15 Prozent nur in fertigen Waren.

Die Rohstoffzufuhr wurde eine Grundlage unserer gesamten Wirtschaft. Das machte uns für die Rohstoffversorgung vom Auslande abhängig. Aber mit dieser Abhängigkeit erkauften wir uns die Möglichkeit, unser Volk innerhalb der nationalen Grenzen zu erhalten. Wo ist die Macht der Portugiesen und Spanier geblieben, die sich in fernen Ländern Unterhalt suchen mußten? Wie wäre es heute mit unsrer militärischen Kraft bestellt, wenn die Auswanderung der Bevölkerung in gleichem Maße weiter erfolgt wäre, wie anfangs der achtziger Jahre?

Daß wir bei dieser Entwicklung einmal längere Zeit ohne fremde Zufuhr leben könnten, hätten vor dem Kriege nur wenige gedacht. „Sollte eine Blockade von längerer Dauer sein, so ist das daraus entspringende wirtschaftliche Unheil kaum auszudenken. Was soll unsere Industrie machen, wenn die wichtigsten Rohstoffe, deren sie bedarf, nicht mehr ins Land gelangen können und wenn die Ausfuhr ihrer Produkte abgesperrt ist? Unzählige Werkstätten und Fabriken müssen dann geschlossen, Millionen Arbeiter entlassen werden. Eine Wirtschaftskrisis voll unerhörter Schrecken wäre unausbleiblich. Den Organismus der deutschen Volkswirtschaft, der mit der Weltwirtschaft durch so viele und starke Bande verwachsen ist, würde ein Durchschneiden dieser Bande der Verblutung nahe bringen." So schrieb im Jahre 1907 ein guter Kenner unseres Wirtschaftslebens.[1]

Auf den gleichen Berechnungen bauten im Jahre 1914 unsere Feinde ihre Hoffnungen auf unsere wirtschaftliche Niederringung auf. Man wußte, daß in den letzten Jahren ein Drittel unseres Bedarfes an pflanzlichen und tierischen Erzeugnissen durch die Einfuhr gedeckt wurde. Eine wirksame Blockade mußte uns nach zahlenmäßiger Kalkulation aushungern.

---

erwerbstätigen Arbeiter ist in dieser Zeit von 4,1 Millionen auf 8,6 Millionen gefallen. Während des gleichen Zeitraumes stieg der Wert der Einfuhr pro Kopf der Bevölkerung von 63 Mk. auf etwa 140 Mk.

[1] Arndt, Deutschlands Stellung in der Weltwirtschaft. Leipzig 1907.

Die Befürchtungen unserer Wirtschaftspolitiker und die Hoffnungen unserer Feinde haben sich als irrig erwiesen. Die zwingende Not hat uns gelehrt, auch ohne die Zufuhr fremder Rohstoffe auszukommen. Wir haben dies möglich gemacht durch äußerste Sparsamkeit in der Verwendung der bei uns vorhandenen und aus fertigen Erzeugnissen wieder zurückgewonnenen Rohstoffe, durch weitgehendste Einschränkung des Verbrauches an sich und durch völlige Ausschaltung der Kostenfrage bei der Ersatzbeschaffung.

Für die Kriegswirtschaft ist ein derartiges Haushalten und Wirtschaften notwendig, für die Friedenswirtschaft ist es aber unmöglich.

Es kann uns vielleicht gelingen, durch weitere Hebung des Volkswohlstandes, durch Zollannährung mit Österreich und Hebung der Kaufkraft dieses Reiches, den Absatz unserer Fabriken in „Mitteleuropa" wesentlich zu steigern, und damit kann sich vielleicht unser Interesse an der Warenausfuhr mindern.

Auf die Zufuhr fremder Rohstoffe werden wir aber nach dem Kriege für absehbare Zeit nicht verzichten können. Auch ein Mitteleuropa macht uns nicht in der Rohstoffversorgung selbständig. Ebenso wie Deutschland benötigt auch Österreich-Ungarn große Mengen Rohstoffe, die aus klimatischen und anderen Gründen kein europäisches Land uns liefern kann. Für Baumwolle, Jute, Wolle, Kupfer, Gummi, Häute, Kaffee usw. bleiben wir auch nach dem Kriege auf die überseeische Zufuhr angewiesen.

Das Ideal eines „abgeschlossenen Handelsstaates" kann nach dem Kriege nicht unser Ideal sein. Wirtschaftliche Not und Massenauswanderung würde ein dauernder Verzicht auf weltwirtschaftliche Betätigung für uns bedeuten. Mit Recht sagt Jaffé[1], der selbst einer der ausgesprochensten Gegner jeder „Weltmarktswirtschaft" ist: „Eine weitgehende Einschränkung unseres auswärtigen Handels würde uns auf das Niveau eines Mittelstaates herabdrücken, während wir doch an diesem Kriege im Gegenteil eine Stärkung unserer wirtschaftlichen und völkischen Kraft, weit über die Grenzen des bisher Geleisteten erhoffen können."

Das Rohstoffproblem für die Zeit nach dem Kriege kann deshalb nicht heißen: Wie können wir in Zukunft ohne fremde Rohstoffe auskommen, wie können wir uns einrichten, daß wir in

[1] Jaffé, Volkswirtschaft und Krieg. Tübingen 1915.

Zukunft auf die Einfuhr verzichten können? Nein, nicht Einschränkung und Minderung unseres Wirtschaftslebens können wir erstreben; was uns nottut, ist Stärkung unserer Stellung in der Welt und größere Sicherheit für unsere Versorgung. In dieser Hinsicht ist der Krieg zur Lehre geworden, er muß auch zur Ursache für eine bessere Organisation werden.

Unser Rohstoffproblem heißt: **Wie können wir uns dauernd die für unsere wirtschaftliche Entwicklung so wichtige Rohstoffzufuhr sichern?**

II.

Die Rohstoffzufuhr vor dem Kriege.

Vor dem Kriege hat man sich wenig mit der Organisation der Einfuhr beschäftigt. Der Einfuhrhandel überseeischer Rohstoffe, der immer mit einer gewissen Spekulation verbunden ist und ein hohes Maß schneller Anpassungsfähigkeit erfordert, galt als das unbestrittene Betätigungsfeld für die freie, wagende Unternehmungslust des Handels. Das staatliche Eingreifen blieb auf das Notwendigste beschränkt. Der Einfuhrhandel selbst nimmt alle Bindungen durch Kartelle oder ähnliche Organisationen.

Gesellschaftsunternehmen waren im Einfuhrhandel selten. Die meisten Firmen waren offene Handelsgesellschaften, mit starker Kapitalkraft der Gesellschaften. Der Bankkredit beruhte in erster Linie auf dem Vertrauen zu den einzelnen Persönlichkeiten. Die Einfuhrhändler waren typische Kaufleute. Ihre Vorbildung erfolgte größtenteils im Auslande, im Betriebe der Weltwirtschaft.

Der Rohstoffhandel beruhte vornehmlich auf dem freien Spiel der wirtschaftlichen Kräfte. Die Tüchtigkeit der einzelnen und das Gesetz der Wirtschaftlichkeit entschied im Wettbewerbskampfe. Mit den Persönlichkeiten entwickelten sich die großen Firmen und mit ihnen starben sie.

Der Einfuhrhandel hielt sich von sämtlichen industriellen Aufgaben fern und beschränkte sich lediglich auf die Händlertätigkeit, einzukaufen und zu verkaufen. Auf der anderen Seite bestand auch bei der Industrie wenig Absicht, die Funktionen des Einfuhrhandels selbst zu übernehmen. In Industrien, die qualitativ mannigfaltige Rohstoffe verarbeiteten, fehlten derartige Versuche vollständig.

Die stete Zunahme des Rohstoffbedarfes der Industrie führte zu einem schnellen Aufblühen des Rohstoffhandels. Zunächst war Deutschland fast in allen fremden Rohstoffen vom ausländischen, besonders vom englischen Zwischenhandel abhängig. Die Notierungen und Bewegungen ausländischer Börsen, die englischen Mengenbezeichnungen usw. waren auch für den deutschen Markt maßgebend.

Mit der zunehmenden Bedeutung als Käufer gewann der deutsche Einfuhrhandel mehr und mehr Selbständigkeit.

Die deutschen Märkte, deutschen Rohstoffbörsen, die deutschen Notierungen gewannen nun auf dem überseeischen Markte Bedeutung und Ansehen. Die Einfuhr erfolgte direkt ohne den Umweg über England. Die Entwicklung der Baumwolleinfuhr über Bremen gibt hierfür ein gutes Beispiel.

Über Bremen wurden eingeführt:

1872	193084	Ballen Baumwolle
1891	80[illegible]405	„ „
1912	2787024	„ „

In enger persönlicher Verbindung mit dem Einfuhrhandel entwickelte sich die deutsche Handelsschiffahrt. Rohstoffimporteure sind führende Aufsichtsratsmitglieder in unseren großen Schiffahrtsunternehmen.

Auch im Zahlungswesen gelang es mit zunehmender Bedeutung unseres Einfuhrbedarfes, von England unabhängig zu werden. Neben der Devise auf London wurde in letzter Zeit der deutsche Markwechsel in überseeischen Ländern in Zahlung genommen.

Der deutsche Einfuhrhandel bildete die Verbindung zwischen fremder Produktion und eigenem Verbrauch. In den überseeischen Märkten wurden Zweig- und Schwesterfirmen der Hamburger, Bremer usw. Geschäfte errichtet. Nach beiden Seiten gestalteten sich die persönlichen Beziehungen immer fester. —

Je enger die weltwirtschaftliche Verknüpfung wurde, um so weniger rechnete man ernstlich mit einer Unterbrechung, um so weniger hörte man auf die Warner. Über die dringenden Gegenwartsfragen des Wirtschaftskampfes vergaß man die Sorge für die Zukunft.

Der Ausbruch des Krieges hat bei uns den Einfuhrhandel, wie überhaupt Handel und Industrie vollkommen überrascht. „In der langen Friedenszeit", sagt Jaffé[1], „hat man sich leider nicht eingehend genug mit der Frage beschäftigt, was dann werden solle, wenn ein Krieg all diese Tausende von Kanälen gegenseitigen Austausches verschließe, wenn plötzlich manche, oder gar alle auswärtigen Bezugsquellen und Absatzmöglichkeiten versiegen sollten. Man ist über ganz allgemeine Betrachtungen dieser Art nicht herausgekommen, ganz zu schweigen davon, daß man positive Maßregeln vorbereitet oder ergriffen hätte, um den bei Eintritt eines Krieges sicher zu erwartenden Schwierigkeiten vorzubeugen."

Während die Kriegserklärung bei unserem militärischen und finanziellen Apparat nur das Stichwort für die sorgsam vorbereitete Mobilmachung war, brachte sie für den Handel Überraschung und Verwirrung.[2]

Auch seitens der Regierung waren für den Fall einer Absperrung der Zufuhr keine vorbereitenden Maßnahmen getroffen. „Unsere wirtschaftlichen Abhängigkeiten", sagt Friedrich Naumann, „waren im Auswärtigen Amte in London besser bekannt, als an denselben Stellen in Berlin und Wien." Wohl war in den verschiedenen Marinevorlagen auf die Gefahren hingewiesen, die eine Blockade für Deutschland bedeuten würde. Geschehen war aber nichts, abgesehen von der notwendigen Stärkung unserer Kriegsflotte.

III.

Die Organisation der Rohstoffversorgung im Kriege.

„Unsere Vorräte waren unsere Rettung." Daß diese Vorräte groß waren, war lediglich ein uns günstiger Zufall. Durch die schnelle Eroberung von Belgien und Nordfrankreich, sowie von

[1] Jaffé, a. a. O., S. 5.

[2] Das gleiche gilt übrigens auch zu gewissem Teile auch für den englischen Handel. Bezeichnend für die Verkennung der Situation ist ein Telegramm eines Londoner Vertreters eines deutschen Hauses. Der Londoner Vertreter telegraphierte am 4. August 1914, als die englische Kriegserklärung gerade bevorstand: Will war affect business, wire reply!

Polen konnten wir glücklicherweise unsere Vorräte noch weiter vergrößern. Im Vergleich zu unserm Friedensbedarfe waren aber diese Vorräte doch nur gering.

Die immer rücksichtsloser durchgeführte Blockade durch England, die willkürliche Ausdehnung der Begriffe Bannware auf alle von uns benötigten Rohstoffe verwandelten Deutschland in eine eingeschlossene Festung, die sich mit den Vorräten einrichten mußte. Aber auch nach dem Ausbleiben der Zufuhr war zunächst das Verständnis für die Rohstoffspekulation im allgemeinem gering. Walter Rathenau[1], dessen Initiative vor allem das schnelle zielbewußte Eingreifen des Reiches in die Rohstoffrage zu danken ist, schildert selbst wie wenig Verständnis er zunächst bei Handel und Industrie für die notwendige Umgestaltung der Wirtschaft fand. Die Industriellen fügten sich kopfschüttelnd den Anordnungen, die in schneller Folge erschienen. Schon die Umfragen nach den Vorräten wurden vielerwärts als unnötige und unzulässige Beunruhigung der Wirtschaft empfunden.

Die Umgestaltung der Rohstofforganisation konnte keine systematische Weiterbildung des bestehenden Aufbaues sein, sondern mußte eine prinzipielle Neugestaltung werden. War die Friedensorganisation nur auf den Frieden zugeschnitten, so mußte die Kriegsorganisation lediglich auf die Kriegswirtschaft und auf die Kriegsbedürfnisse zugeschnitten bleiben. Alles Zufällige mußte ausgeschaltet werden, das Gesetz der Wirtschaftlichkeit konnte für die Kriegszeit nicht gelten. An die Stelle der persönlichen Tüchtigkeit mußte System und Organisation treten.

Bereits am 13. August 1914 wurde durch Ministerialerlaß die „Kriegs-Rohstoff-Abteilung" des Kriegsministeriums gegründet. Sie bildete den Ausgangspunkt und die Zentrale für die vielen Kriegs-Rohstoff-Gesellschaften, die nun der Reihe nach gegründet wurden.

Kriegsrohstoffe waren nach der amtlichen Difinition alle solche Stoffe, „die der Landesverteidigung dienen und die nicht dauernd oder ausreichend im Inlande gewonnen werden können." Das Prinzip der Kriegsrohstofforganisation war die Bildung von Selbstverwaltungskörpern in den einzelnen Rohstoffzweigen unter strikter behördlicher Aufsicht. Unter Führung des Reiches

[1] Rathenau, Deutschlands Rohstoffversorgung. Berlin 1916.

wurden in den einzelnen Zweigen Aktiengesellschaften oder Gesellschaften mit beschränkter Haftpflicht gegründet. Das Kapital wurde meist durch die interressierte Industrie aufgebracht, dabei wurde ausdrücklich jeder Gewinnanreiz ausgeschaltet. Dividenden und Liquidationsgewinne dürfen nicht ausgeschüttet werden. Für jede einzelne Rohstoffgesellschaft wurde ein staatlicher Kommissar ernannt, der dem Reiche gegenüber die Verantwortung trägt und ein uneingeschränktes Vetorecht hat.

So entstanden die Kriegsmetall-A.-G., die Kriegs-Leder-A.-G., die deutsche Rohaut-A.-G., die Kriegs-Wollbedarf-A.-G. und viele andere Gesellschaften. Neben diesen Rohstoffgesellschaften wurden noch Verteilungskommissionen, Kriegsausschüsse usw. gebildet.

Wie fremd diese Rohstofforganisation erschien, zeigt sich am besten darin, daß zunächst außer den Eingeweihten niemand ihren Sinn verstand. „Der Reichstag, der im November 1914 zusammentrat," schreibt Rathenau, „betrachtete uns als eine Art Handelsstelle, die dafür zu sorgen hatte, daß das Sohlenleder und die Wolle billiger würden; daß es sich um Fragen handelte, von denen Krieg und Frieden, Sieg und Niederlage abhingen, war niemandem bekannt."

Die Kriegsrohstofforganisation unterschied sich nicht nur in der äußeren Form, sondern auch inhaltlich wesentlich von der Friedensrohstofforganisation. Im Fried engalt es, fremde Rohstoffe billig zu kaufen und heranzuführen. Für den Krieg galt es, die im Lande vorhandenen Rohstoffe in eine Hand zusammenzufassen und ihre Bewegung so zu leiten, daß jede Produktionsstelle nach Maßgabe ihrer behördlichen und behördlich als notwendig anerkannten Aufträge zu festgesetzten Preisen und Bedingungen mit Material versorgt wird. Die wichtigste Aufgabe wer so die Verteilung. Daneben galt es für die Erzeugung und Beschaffung von Ersatz zu sorgen.

Soweit eine Rohstoffeinfuhr trotz der Blockade organisiert werden konnte, mußte sie in erster Linie unter dem Gesichtspunkte stehen, daß nur unbedingt Notwendiges eingeführt wird. Durch die Hemmung der Ausfuhr und die Notwendigkeit, Goldexporte zu vermeiden, ist trotz des großen Einfuhrbedarfs aus Währungsgründen eine außerordentlich scharfe Kontrolle der Einfuhr erforderlich.

Neben den Erfordernissen, die sich aus der Verschiebung

unsrer Handels- und Zahlungsbilanz ergaben, machte auch die Kompensationspolitik im Kriege eine Zentralisation der Einfuhr erforderlich. Die wirtschaftlichen Gesetze, die sich aus der internationalen Arbeitsteilung ergaben, konnten für die Kriegszeit nicht gelten, nachdem unsere Nachbarstaaten auf Englands Druck für alle möglichen Rohstoffe und Fabrikate Ausfuhrverbote erließen. Hier mußte eine konsequente „do ut des“-Politik einsetzen. Das Abkommen mit Rumänien und mit der Schweiz konnte nur zustande kommen, wenn eine Zentralstelle verhandelt und bestimmt.

Endlich sollte die Zusammenfassung der Einfuhr verhindern, daß deutsche Käufer weiter gegenseitig die Preise im Auslande wild in die Höhe trieben. Die Stellung der ausländischen Mächte uns gegenüber ist gerade infolge der englischen Blockademaßnahmen und der Ausfuhr und Durchfuhrerschwerungen eine rein anno- geworden. Eine Konkurrenz bestand zunächst nur unter den Käufern. Die Knappheit in manchen Rohstoffen, besonders manchen Lebensmitteln im Auslande, mußte dabei zu einer ungesunden Spekulation führen, die ausgeschaltet werden mußte.

Zur Erfüllung aller dieser Aufgaben wurde die „Zentral-Einkaufs-Gesellschaft“, kurz Z.E.G. genannt, gebildet. Das Kapital wurde durch das Reich, die einzelnen Bundesstaaten, die Großstädte und große industrielle Unternehmen aufgebracht.

Die Z.E.G. hat sich im Laufe der Zeit zu einem Betriebe von ungeheurer Ausdehnung entwickelt. 3600 Angestellte arbeiten nach Angaben von Görrig[1] in den Bureaus der Gesellschaft. Die Handlungsunkosten der Gesellschaft sollen sich im ersten Geschäftsjahre auf annähernd 4 Millionen Mark belaufen haben.

Daß das Geschäftsgebaren der Z.E.G. bei einem derartigen Umfange nicht „kaufmännisch“ sein kann, muß selbstverständlich erscheinen. Die vielen Vorwürfe, die der Z.E.G. in der Presse gemacht sind, laufen meist auf den Vorwurf hinaus, daß infolge bureaukratischer Methoden ungeschickt eingekauft sei, und daß bei einem organisierten Wettbewerb vom Käufer oft Preise, die die Z.E.G. im Auslande gezahlt hat, nicht hätten bezahlt werden brauchen.

Neben der Z.E.G. haben nur wenige Rohstoffgesellschaften

[1] Görrig, Kriegswirtschaftsgesellschaften. Europ. Staats- und Wirtschaftszeitung, Nr. 15 vom 24. Juni 1916.

eingekauft. Lediglich der Einfuhr sollte die „Bremer Baumwoll-Import-Gesellschaft 1915 G. m. b. H." dienen. Sie konnte sich aber nur dadurch betätigen, daß sie am 31. August 1915 eine Million Ballen Baumwolle zu einem damals weit über der Marktbasis selbstgehaltener Preise in Newyork kaufte. Der Kauf sollte bewirken, daß die amerikanischen Baumwollinteressenten die Durchfuhr von Baumwolle nach Deutschland durchsetzten. Nachdem diese beabsichtigte Wirkung ausblieb, kann Lieferung des Postens erst nach dem Kriege erfolgen.

Den „Befähigungsnachweis" für den zentralisierten Einkauf konnten die Rohstoffgesellschaften und die Z.E.G. im Kriege nicht bringen, weil während des Krieges, wie schon gesagt wurde, die Kostenfrage zunächst ausgeschaltet werden muß und ganz andere Gesichtspunkte jetzt entscheiden müssen, als im Frieden.

Die Aufgabe, Deutschland für die Kriegszeit in der Rohstoffbeschaffung selbständig zu machen, die deutsche Wirtschaft so zu versorgen, daß schwere Stockungen vermieden sind, haben die Kriegsrohstoffgesellschaften in vollem Maße erfüllt.

IV.

Die Organisation der Rohstoffeinfuhr nach dem Kriege.

Für die Dauer der Absperrung unserer Einfuhr werden wir auf die Kriegsrohstofforganisation ebensowenig verzichten können, wie auf die äußerste Einschränkung des Verbrauches. Aber ebenso unmöglich ist es auch, die heutigen Verhältnisse für die Zeit nach dem Kriege beizubehalten.

Wir haben im Kriege viel gelernt. Wir sehen heute deutlicher die Gefahren der weltwirtschaftlichen Abhängigkeit, wir wissen aber auch heute, ihnen zu begegnen. Nie wieder wird uns ein Feind den Krieg erklären können, in der Hoffnung, uns wirtschaftlich niederzuringen.

Not war von jeher die Ursache von Erfindungen. Wir werden in Zukunft die Zufuhr von Chilesalpeter entbehren können, nachdem es gelungen ist, den Stickstoff aus der Luft zur Salpetergewinnung nutzbar zu machen. Wir werden in Zukunft auch in noch stärkerem Maße als bisher den deutschen Boden ausnutzen, die Ödländereien bewirtschaften, um unseren Brotbedarf im eigenen Lande sicherzustellen.

Wir werden auch die Erfindung, die Brennesselfaser zu verspinnen, ausnützen, die Erfindung, Kautschuk synthetisch herzustellen, weiter auszubauen suchen, aber dennoch werden wir auch nach dem Kriege wieder in großem Maße Baumwolle, Wolle, Jute, Flachs, Gummi, ebenso wie Kupfer, Häute, Felle, ebenso wie Kaffee, Thee, Kakao einführen müssen. Mag es auch technisch möglich sein, für diese Rohstoffe Ersatz zu finden, wirtschaftlich wird es nie möglich sein, auf unserem Grund und Boden den ganzen Rohstoff- und Lebensmittelbedarf dauernd zu decken.

Vor dem Kriege haben wir die Gefahren der Abhängigkeit vom Weltmarkte voll gesehen, die notwendigen Folgerungen aber nicht gezogen. Wir sehen jetzt mit anderen Augen.

„Freiheit der Meere" ist, das wissen wir heute, eine Lebensfrage für uns, für die Garantien geschaffen werden müssen.

In der Handelspolitik werden wir nach dem Kriege bestimmter auftreten. Die Kompensation durch Verträge wird nach dem Kriege weiter ausgebaut werden. Das System einer unbegrenzten „Meistbegünstigung" wird dabei vielleicht verschwinden.

Vor allem werden wir aus unserer geographischen und wirtschaftlichen Lage eine Konsequenz ziehen: Vorsorge für jeden Fall einer neuen Unterbrechung der Zufuhr und Stärkung unserer Käuferstellung.

Es sind nur ganz wenige fanatische Anhänger eines Manchestertums, die heute noch für die Zeit nach dem Kriege die vollständige Wiederherstellung des früheren Zustandes fordern.

Es ist unmöglich, in Zukunft wieder die Rohstoffversorgung, die eine Grundlage unserer ganzen Volkswirtschaft bildet, dem freien Spiel der Kräfte zu überlassen. Eine engere Verbindung des Allgemeininteresses mit den Einzelinteressen ist bei der Rohstoffeinfuhr unbedingt erforderlich.

Auch im Interesse des deutschen Käufers ist es notwendig, daß sich das Reich mehr als bisher der Einfuhrinteressen annimmt. Die alten persönlichen Beziehungen sind meist zerrissen. Die Völkerfeindschaft wird sich für lange Zeit auch auf das Geschäftsleben übertragen. Es ist unbedingt erforderlich, daß dabei unsere Rohstoffversorgung nicht von Zufälligkeiten abhängig ist. Die

Einfuhrpolitik muß in enger Verbindung mit unserer ganzen auswärtigen Politik stehen.

Ebenso muß unsere Einfuhrpolitik mit unserer Finanz- und Währungspolitik Fühlung behalten. Die wirtschaftliche Lage Deutschlands im Kriege hat, wie auch in Frankreich und Italien, zu einer Schwächung der Währung führen müssen. Nur durch eine einheitliche und energische Außenhandelspolitik läßt sich ein weiteres Sinken der Valuta verhindern, eine Besserung erreichen. Jede Verschlechterung der Währung würde nicht nur zu einer Verteuerung des Rohstoffbezuges führen, sondern auch eine schwer abzutragende, unerwünschte Verschuldung mit sich bringen.

Endlich müssen wir uns nach dem Kriege durch einen eisernen Bestand sichern. „Eine Vorratspolitik“, sagt Friedrich Naumann in seinem Buche: Mitteleuropa, „kann als Volksforderung ohne Unterschied der Parteien bezeichnet werden.“ Eine ständige Reserve muß unseren Konkurrenten auf dem Weltmarkte die Möglichkeit nehmen, uns durch Erschwerung der Zufuhr oder durch erneute Blockade in unserer Versorgung zu stören. Bei einfacher Wiederherstellung der bisherigen Organisation ist eine derartige Vorratswirtschaft unmöglich. Man kann dem privaten, auf Gewinn angewiesenen und zu größtmöglicher Kostenersparnis gezwungenen Handel nicht die Einrichtung so großer Reserven, wie sie nötig sind, auferlegen.

Dies alles sind notwendige Forderungen, die sich aus dem Kriege und aus der Erkenntnis unserer geographischen und politischen Lage ergeben. Für unsere zukünftige Wirtschaftspolitik gilt es, die Form zu finden, die diese Forderungen in vollkommenstem Maße mit den geringsten Nachteilen für die Volkswirtschaft erfüllt.

Es sind in dieser Hinsicht verschiedene Vorschläge für die Neugestaltung unserer Rohstoffversorgung gemacht worden. In Kommissionen und Beratungen sind diese Pläne beraten worden. Die Entscheidung wird stets eine folgenschwere sein. Eine sachliche Erörterung[1] der Frage ist deshalb unbedingt erforderlich, ehe die endgültigen Entschlüsse gefaßt werden.

---

[1] Es ist unbegreiflich, daß einzelne an der Frage besonders interessierte Kreise in dieser wichtigen Frage jede Erörterung scheuen. „Je weniger über die Pläne bekannt wird, um so besser,“ schrieb ein Industrieller dem Verfasser.

Unsere Rohstoffversorgung nach dem Kriege

von

Dr. Edgar Landauer
(Braunschweig)

Leipzig ▫ Verlag von Veit & Comp. ▫ 1917

Druck von Metzger & Wittig in Leipzig.

Inhalt.

I.

Das Rohstoffproblem.

Was Deutschland in den letzten Jahrzehnten dem Weltmarkte gab, waren im wesentlichen nicht eigene Bodenschätze, war nicht Kapital, für das wir im Auslande Anlage suchen mußten, sondern war Arbeit. Auf unserer Arbeit beruht unsre schnelle wirtschaftliche Entwicklung und die damit verbundene ständige Hebung des Volkswohlstandes. Die zur höchsten Leistungsfähigkeit gesteigerte Arbeit unserer dichten Bevölkerung, die durch den Besitz ergiebiger Kohlenlager noch begünstigt wurde, konnten wir nur dadurch innerhalb unserer nationalen Wirtschaft leisten, daß wir fremden Boden uns nutzbar machten und fremde Rohstoffe verarbeiteten, die wir dann zum Teil als gebrauchsfertige Erzeugnisse wieder ausführten. Nur so konnte es möglich werden, daß wir auf demselben Grund und Boden innerhalb von 50 Jahren einer fast doppelt so großen Bevölkerung Unterhalt, Nahrung und Beschäftigung geben konnten, daß wir den ständigen Bevölkerungszuwachs dem eigenen Lande erhalten konnten, bei gleichzeitiger Verbesserung der wirtschaftlichen Lage der arbeitenden Klassen. Und alles dies bei einer intensiven technischen Entwicklung, bei der zunehmend menschliche Arbeit durch Maschinen ersetzt wurde.

Ohne die Einfuhr fremder Rohstoffe und ohne die Ausfuhr der mit unserer Arbeit fertiggestellten Waren hätte unsere schnell anwachsende Bevölkerung auswandern oder verhungern müssen. Etwa ein Fünftel unserer Bevölkerung lebte vor dem Kriege unmittelbar vom Außenhandel.

Mit unserem Außenhandel stieg unser Volkswohlstand und sank die Zahl unserer Auswanderer.[1]

Je mehr Deutschland Industriestaat wurde, wurde unsere

[1] In den letzten 30 Jahren ist die Zahl der Auswanderer von etwa 200000 im Jahre auf etwa 20000 gefallen. Die Zahl der in der Industrie

Einfuhr ausgesprochene Rohstoffeinfuhr, unsere Ausfuhr Fabrikatausfuhr. Im Jahre 1912 bestand 45 Prozent unserer Einfuhr in Rohstoffen für unsere Industrie, 28 Prozent in Nahrungs- und Genußmitteln, 11 Prozent in halbfertigen Waren und weniger als 15 Prozent nur in fertigen Waren.

Die Rohstoffzufuhr wurde eine Grundlage unserer gesamten Wirtschaft. Das machte uns für die Rohstoffversorgung vom Auslande abhängig. Aber mit dieser Abhängigkeit erkauften wir uns die Möglichkeit, unser Volk innerhalb der nationalen Grenzen zu erhalten. Wo ist die Macht der Portugiesen und Spanier geblieben, die sich in fernen Ländern Unterhalt suchen mußten? Wie wäre es heute mit unsrer militärischen Kraft bestellt, wenn die Auswanderung der Bevölkerung in gleichem Maße weiter erfolgt wäre, wie anfangs der achtziger Jahre?

Daß wir bei dieser Entwicklung einmal längere Zeit ohne fremde Zufuhr leben könnten, hätten vor dem Kriege nur wenige gedacht. „Sollte eine Blockade von längerer Dauer sein, so ist das daraus entspringende wirtschaftliche Unheil kaum auszudenken. Was soll unsere Industrie machen, wenn die wichtigsten Rohstoffe, deren sie bedarf, nicht mehr ins Land gelangen können und wenn die Ausfuhr ihrer Produkte abgesperrt ist? Unzählige Werkstätten und Fabriken müssen dann geschlossen, Millionen Arbeiter entlassen werden. Eine Wirtschaftskrisis voll unerhörter Schrecken wäre unausbleiblich. Den Organismus der deutschen Volkswirtschaft, der mit der Weltwirtschaft durch so viele und starke Bande verwachsen ist, würde ein Durchschneiden dieser Bande der Verblutung nahe bringen." So schrieb im Jahre 1907 ein guter Kenner unseres Wirtschaftslebens.[1]

Auf den gleichen Berechnungen bauten im Jahre 1914 unsere Feinde ihre Hoffnungen auf unsere wirtschaftliche Niederringung auf. Man wußte, daß in den letzten Jahren ein Drittel unseres Bedarfes an pflanzlichen und tierischen Erzeugnissen durch die Einfuhr gedeckt wurde. Eine wirksame Blockade mußte uns nach zahlenmäßiger Kalkulation aushungern.

---

erwerbstätigen Arbeiter ist in dieser Zeit von 4,1 Millionen auf 8,6 Millionen gestiegen. Während des gleichen Zeitraumes stieg der Wert der Einfuhr pro Kopf der Bevölkerung von 63 Mk. auf etwa 140 Mk.

[1] Arndt, Deutschlands Stellung in der Weltwirtschaft. Leipzig 1907.

Die Befürchtungen unserer Wirtschaftspolitiker und die Hoffnungen unserer Feinde haben sich als irrig erwiesen. Die zwingende Not hat uns gelehrt, auch ohne die Zufuhr fremder Rohstoffe auszukommen. Wir haben dies möglich gemacht durch äußerste Sparsamkeit in der Verwendung der bei uns vorhandenen und aus fertigen Erzeugnissen wieder zurückgewonnenen Rohstoffe, durch weitgehendste Einschränkung des Verbrauches an sich und durch völlige Ausschaltung der Kostenfrage bei der Ersatzbeschaffung.

Für die Kriegswirtschaft ist ein derartiges Haushalten und Wirtschaften notwendig, für die Friedenswirtschaft ist es aber unmöglich.

Es kann uns vielleicht gelingen, durch weitere Hebung des Volkswohlstandes, durch Zollannäherung mit Österreich und Hebung der Kaufkraft dieses Reiches, den Absatz unserer Fabrikate in „Mitteleuropa" wesentlich zu steigern, und damit kann sich vielleicht einmal unser Interesse an der Warenausfuhr mindern.

Auf die Zufuhr fremder Rohstoffe werden wir aber nach dem Kriege für absehbare Zeit nicht verzichten können. Auch ein Mitteleuropa macht uns nicht in der Rohstoffversorgung selbständig. Ebenso wie Deutschland benötigt auch Österreich-Ungarn große Mengen Rohstoffe, die aus klimatischen und anderen Gründen kein europäisches Land uns liefern kann. Für Baumwolle, Jute, Wolle, Kupfer, Gummi, Häute, Kaffee usw. bleiben wir auch nach dem Kriege auf die überseeische Zufuhr angewiesen.

Das Ideal eines „abgeschlossenen Handelsstaates" kann nach dem Kriege nicht unser Ideal sein. Wirtschaftliche Not und Massenauswanderung würde ein dauernder Verzicht auf weltwirtschaftliche Betätigung für uns bedeuten. Mit Recht sagt Jaffé[1], der selbst einer der ausgesprochensten Gegner jeder „Weltmarktswirtschaft" ist: „Eine weitgehende Einschränkung unseres auswärtigen Handels würde uns auf das Niveau eines Mittelstaates herabdrücken, während wir doch an diesem Kriege im Gegenteil eine Stärkung unserer wirtschaftlichen und völkischen Kraft, weit über die Grenzen des bisher Geleisteten erhoffen können."

Das Rohstoffproblem für die Zeit nach dem Kriege kann deshalb nicht heißen: Wie können wir in Zukunft ohne fremde Rohstoffe auskommen, wie können wir uns einrichten, daß wir in

---

[1] Jaffé, Volkswirtschaft und Krieg. Tübingen 1915.

Zukunft auf die Einfuhr verzichten können? Nein, nicht Einschränkung und Minderung unseres Wirtschaftslebens können wir erstreben; was uns nottut, ist Stärkung unserer Stellung in der Welt und größere Sicherheit für unsere Versorgung. In dieser Hinsicht ist der Krieg zur Lehre geworden, er muß auch zur Ursache für eine bessere Organisation werden.

Unser Rohstoffproblem heißt: **Wie können wir uns dauernd die für unsere wirtschaftliche Entwicklung so wichtige Rohstoffzufuhr sichern?**

II.

Die Rohstoffeinfuhr vor dem Kriege.

Vor dem Kriege hat man sich wenig mit der Organisation der Einfuhr beschäftigt. Der Einfuhrhandel überseeischer Rohstoffe, der immer mit einer gewissen Spekulation verbunden ist und ein hohes Maß schneller Anpassungsfähigkeit erfordert, galt als das unbestrittene Betätigungsfeld für die freie, wagende Unternehmungslust des Handels. Das staatliche Eingreifen blieb auf das Notwendigste beschränkt. Der Einfuhrhandel selbst mied alle Bindungen durch Kartelle oder ähnliche Organisationen.

Gesellschaftsunternehmen waren im Einfuhrhandel selten. Die meisten Firmen waren offene Handelsgesellschaften, mit starker Kapitalkraft der Gesellschafter. Der Bankkredit beruhte in erster Linie auf dem Vertrauen zu den einzelnen Persönlichkeiten. Die Einfuhrhändler waren typische Kaufleute. Ihre Vorbildung erfolgte größtenteils im Auslande, im Betriebe der Weltwirtschaft.

Der Rohstoffhandel beruhte vornehmlich auf dem freien Spiel der wirtschaftlichen Kräfte. Die Tüchtigkeit der Einzelnen und das Gesetz der Wirtschaftlichkeit entschied im Wettbewerbskampfe. Mit den Persönlichkeiten entwickelten sich die großen Firmen und mit ihnen starben sie oft.

Der Einfuhrhandel hielt sich von sämtlichen industriellen Aufgaben fern und beschränkte sich lediglich auf die Händlertätigkeit, einzukaufen und zu verkaufen. Auf der anderen Seite bestand auch bei der Industrie wenig Absicht, die Funktionen des Einfuhrhandels selbst zu übernehmen. In Industrien, die qualitativ mannigfaltige Rohstoffe verarbeiteten, fehlten derartige Versuche vollständig.

Die stete Zunahme des Rohstoffbedarfes der Industrie führte zu einem schnellen Aufblühen des Rohstoffhandels. Zunächst war Deutschland fast in allen fremden Rohstoffen vom ausländischen, besonders vom englischen Zwischenhandel, abhängig. Die Notierungen und Bewegungen ausländischer Börsen, die englischen Mengenbezeichnungen usw. waren auch für den deutschen Markt maßgebend.

Mit der zunehmenden Bedeutung als Käufer gewann der deutsche Einfuhrhandel mehr und mehr Selbständigkeit.

Die deutschen Märkte, deutschen Rohstoffbörsen, die deutschen Notierungen gewannen nun auf dem überseeischen Markte Bedeutung und Ansehen. Die Einfuhr erfolgte direkt ohne den Umweg über England. Die Entwicklung der Baumwolleinfuhr über Bremen gibt hierfür ein gutes Beispiel.

Über Bremen wurden eingeführt:

1872	193084	Ballen Baumwolle
1892	803405	„ „
1912	2787024	„ „

In enger persönlicher Verbindung mit dem Einfuhrhandel entwickelte sich die deutsche Handelsschiffahrt. Rohstoffimporteure sind führende Aufsichtsratsmitglieder in unseren großen Schiffahrtsunternehmen.

Auch im Zahlungswesen gelang es mit zunehmender Bedeutung unseres Einfuhrbedarfes, von England unabhängig zu werden. Neben der Devise auf London wurde in letzter Zeit der deutsche Markwechsel in überseeischen Ländern in Zahlung genommen.

Der deutsche Einfuhrhandel bildete die Verbindung zwischen fremder Produktion und eigenem Verbrauch. In den überseeischen Märkten wurden Zweig- und Schwesterfirmen der Hamburger, Bremer usw. Geschäfte errichtet. Nach beiden Seiten gestalteten sich die persönlichen Beziehungen immer fester. —

Je enger die weltwirtschaftliche Verknüpfung wurde, um so weniger rechnete man ernstlich mit einer Unterbrechung, um so weniger hörte man auf die Warner. Über die dringenden Gegenwartsfragen des Wirtschaftskampfes vergaß man die Sorge für die Zukunft.

Der Ausbruch des Krieges hat bei uns den Einfuhrhandel, wie überhaupt Handel und Industrie vollkommen überrascht. „In der langen Friedenszeit", sagt Jaffé[1], „hat man sich leider nicht eingehend genug mit der Frage beschäftigt, was dann werden solle, wenn ein Krieg all diese Tausende von Kanälen gegenseitigen Austausches verschließe, wenn plötzlich manche, oder gar alle auswärtigen Bezugsquellen und Absatzmöglichkeiten versiegen sollten. Man ist über ganz allgemeine Betrachtungen dieser Art nicht herausgekommen, ganz zu schweigen davon, daß man positive Maßregeln vorbereitet oder ergriffen hätte, um den bei Eintritt eines Krieges sicher zu erwartenden Schwierigkeiten vorzubeugen."

Während die Kriegserklärung bei unserem militärischen und finanziellen Apparat nur das Stichwort für die sorgsam vorbereitete Mobilmachung war, brachte sie für den Handel Überraschung und Verwirrung.[2]

Auch seitens der Regierung waren für den Fall einer Absperrung der Zufuhr keine vorbereitenden Maßnahmen getroffen. „Unsere wirtschaftlichen Abhängigkeiten", sagt Friedrich Naumann, „waren im Auswärtigen Amte in London besser bekannt, als an denselben Stellen in Berlin und Wien." Wohl war in den verschiedenen Marinevorlagen auf die Gefahren hingewiesen, die eine Blockade für Deutschland bedeuten würde. Geschehen war aber nichts, abgesehen von der notwendigen Stärkung unserer Kriegsflotte.

III.

Die Organisation der Rohstoffversorgung im Kriege.

„Unsere Vorräte waren unsere Rettung." Daß diese Vorräte groß waren, war lediglich ein uns günstiger Zufall.

[1] Jaffé, a. a. O., S. 5.

[2] Das gleiche gilt übrigens auch zu gewissem Teile auch für den englischen Handel. Bezeichnend für die Verkennung der Situation ist ein Telegramm eines Londoner Vertreters eines deutschen Hauses. Der Londoner Vertreter telegraphierte am 4. August 1914, als die englische Kriegserklärung gerade bevorstand: „Will war affect business, wire reply"!

Im Vergleich zu unserm Friedensbedarfe waren aber diese Vorräte doch nur gering.

Die immer rücksichtsloser durchgeführte Blockade durch England, die willkürliche Ausdehnung der Begriffe Bannware auf alle von uns benötigten Rohstoffe, verwandelten Deutschland in eine eingeschlossene Festung, die sich mit den Vorräten einrichten mußte. Aber auch nach dem Ausbleiben der Zufuhr war zunächst das Verständnis für die Rohstoffsituation im allgemeinem gering. Walter Rathenau[1], dessen Initiative vor allem das schnelle zielbewußte Eingreifen des Reiches in die Rohstoffrage zu danken ist, schildert selbst wie wenig Verständnis er zunächst bei Handel und Industrie für die notwendige Umgestaltung der Wirtschaft fand. Die Industriellen fügten sich kopfschüttelnd den Anordnungen, die in schneller Folge erschienen. Schon die Umfragen nach den Vorräten wurden vielerwärts als unnötige und unzulässige Beunruhigung der Wirtschaft empfunden. —

Die Umgestaltung der Rohstofforganisation konnte keine systematische Weiterbildung des bestehenden Aufbaues sein, sondern mußte eine prinzipielle Neugestaltung werden. War die Friedensorganisation nur auf den Frieden zugeschnitten, so mußte die Kriegsorganisation lediglich auf die Kriegswirtschaft und auf die Kriegsbedürfnisse zugeschnitten bleiben. Alles Zufällige mußte ausgeschaltet werden, das Gesetz der Wirtschaftlichkeit konnte für die Kriegszeit nicht gelten. An die Stelle der persönlichen Tüchtigkeit mußte System und Organisation treten.

Bereits am 13. August 1914 wurde durch Ministerialerlaß die „Kriegs-Rohstoff-Abteilung" des Kriegsministeriums gegründet. Sie bildete den Ausgangspunkt und die Zentrale für die vielen Kriegs-Rohstoff-Gesellschaften, die nun der Reihe nach gegründet wurden.

Kriegsrohstoffe waren nach der amtlichen Definition alle solche Stoffe, „die der Landesverteidigung dienen und die nicht dauernd oder ausreichend im Inlande gewonnen werden können." Das Prinzip der Kriegsrohstofforganisation war die Bildung von Selbstverwaltungskörpern in den einzelnen Rohstoffzweigen unter straffer behördlicher Aufsicht. Unter Führung des Reiches

[1] Rathenau, Deutschlands Rohstoffversorgung. Berlin 1916.

wurden in den einzelnen Zweigen Aktiengesellschaften oder Gesellschaften mit beschränkter Haftpflicht gegründet. Das Kapital wurde meist durch die interessierte Industrie aufgebracht, dabei wurde ausdrücklich jeder Gewinnanreiz ausgeschaltet. Dividenden und Liquidationsgewinne dürfen nicht ausgeschüttet werden. Für jede einzelne Rohstoffgesellschaft wurde ein staatlicher Kommissar ernannt, der dem Reiche gegenüber die Verantwortung trägt und ein uneingeschränktes Vetorecht hat.

So entstanden die Kriegsmetall-A.-G., die Kriegs-Leder-A.-G., die deutsche Rohaut-A.-G., die Kriegs-Wollbedarf-A.-G. und viele andere Gesellschaften. Neben diesen Rohstoffgesellschaften wurden noch Verteilungskommissionen, Kriegsausschüsse usw. gebildet.

Wie fremd diese Rohstofforganisation erschien, zeigt sich am besten darin, daß zunächst außer den Eingeweihten niemand ihren Sinn verstand. „Der Reichstag, der im November 1914 zusammentrat," schreibt Rathenau, „betrachtete uns als eine Art Handelsstelle, die dafür zu sorgen hatte, daß das Sohlenleder und die Wolle billiger würden; daß es sich um Fragen handelte, von denen Krieg und Frieden, Sieg und Niederlage abhingen, war niemandem bekannt."

Die Kriegsrohstofforganisation unterschied sich nicht nur in der äußeren Form, sondern auch inhaltlich wesentlich von der Friedensrohstofforganisation. Im Frieden galt es, fremde Rohstoffe billig zu kaufen und heranzuführen. Für den Krieg galt es, die im Lande vorhandenen Rohstoffe in eine Hand zusammenzufassen und ihre Bewegung so zu leiten, daß jede Produktionsstelle nach Maßgabe ihrer behördlichen und behördlich als notwendig anerkannten Aufträge zu festgesetzten Preisen und Bedingungen mit Material versorgt wird. Die wichtigste Aufgabe war somit die Verteilung. Daneben galt es für die Erzeugung und Beschaffung von Ersatz zu sorgen.

Soweit eine Rohstoffeinfuhr trotz der Blockade organisiert werden konnte, mußte sie in erster Linie unter dem Gesichtspunkte stehen, daß nur unbedingt Notwendiges eingeführt wird. Durch die Hemmung der Ausfuhr und die Notwendigkeit, Goldexporte zu vermeiden, ist trotz des großen Einfuhrbedarfs aus Währungsgründen eine außerordentlich scharfe Kontrolle der Einfuhr erforderlich.

Neben den Erfordernissen, die sich aus der Verschiebung

unsrer Handels- und Zahlungsbilanz ergaben, machte auch die Kompensationspolitik im Kriege eine Zentralisation der Einfuhr erforderlich. Die wirtschaftlichen Gesetze, die sich aus der internationalen Arbeitsteilung ergaben, konnten für die Kriegszeit nicht gelten, nachdem unsere Nachbarstaaten auf Englands Druck für alle möglichen Rohstoffe und Fabrikate Ausfuhrverbote erließen. Hier mußte eine konsequente „do ut des"-Politik einsetzen. Das Abkommen mit Rumänien und mit der Schweiz konnte nur zustande kommen, wenn eine Zentralstelle verhandelt und bestimmt.

Endlich sollte die Zusammenfassung der Einfuhr verhindern, daß deutsche Käufer weiter gegenseitig die Preise im Auslande wild in die Höhe trieben. Die Stellung der ausländischen Mächte uns gegenüber ist gerade infolge der englischen Blockademaßnahmen und der Ausfuhr und Durchfuhrerschwerungen eine rein monopolistische geworden. Eine Konkurrenz bestand zunächst nur unter den Käufern. Die Knappheit in manchen Rohstoffen, besonders manchen Lebensmitteln im Inlande, mußte dabei zu einer ungesunden Spekulation führen, die ausgeschaltet werden mußte.

Zur Erfüllung aller dieser Aufgaben wurde die „Zentral-Einkaufs-Gesellschaft", kurz Z.E.G. genannt, gebildet. Das Kapital wurde durch das Reich, die einzelnen Bundesstaaten, die Großstädte und große industrielle Unternehmen aufgebracht.

Die Z.E.G. hat sich im Laufe der Zeit zu einem Betriebe von ungeheurer Ausdehnung entwickelt. 3600 Angestellte arbeiten nach Angaben von Görrig[1] in den Bureaus der Gesellschaft. Die Handlungsunkosten der Gesellschaft sollen sich im ersten Geschäftsjahre auf annähernd 4 Millionen Mark belaufen haben.

Daß das Geschäftsgebaren der Z.E.G. bei einem derartigen Umfange nicht „kaufmännisch" sein kann, muß selbstverständlich erscheinen. Die vielen Vorwürfe, die der Z.E.G. in der Presse gemacht sind, laufen meist auf den Vorwurf hinaus, daß infolge bureaukratischer Methoden ungeschickt eingekauft sei, und daß bei einem organisierten Wettbewerb erfahrener Käufer oft Preise, die die Z.E.G. im Auslande gezahlt hat, nicht hätten bezahlt werden brauchen.

Neben der Z.E.G. haben nur wenige Rohstoffgesellschaften

---

[1] Görrig, Kriegswirtschaftsgesellschaften. Europ. Staats- und Wirtschaftszeitung, Nr. 15 vom 24. Juni 1916.

eingekauft. Lediglich der Einfuhr sollte die „Bremer Baumwoll-Import-Gesellschaft 1915 G. m. b. H." dienen. Sie konnte sich aber nur dadurch betätigen, daß sie am 31. August 1915 eine Million Ballen Baumwolle zu einem damals weit über der Marktbasis selbstgebotenen Preise in Newyork kaufte. Der Kauf sollte bewirken, daß die amerikanischen Baumwollinteressenten die Durchfuhr von Baumwolle nach Deutschland durchsetzten. Nachdem diese beabsichtigte Wirkung ausblieb, kann Lieferung des Postens erst nach dem Kriege erfolgen.

Den „Befähigungsnachweis" für den zentralisierten Einkauf konnten die Rohstoffgesellschaften und die Z.E.G. im Kriege nicht bringen, weil während des Krieges, wie schon gesagt wurde, die Kostenfrage zunächst ausgeschaltet werden mußte und ganz andere Gesichtspunkte jetzt entscheiden müssen, als im Frieden.

Die Aufgabe, Deutschland für die Kriegszeit in der Rohstoffbeschaffung selbständig zu machen, die deutsche Wirtschaft so zu versorgen, daß schwere Stockungen vermieden sind, haben die Kriegsrohstoffgesellschaften in vollem Maße erfüllt.

IV.

Die Organisation der Rohstoffeinfuhr nach dem Kriege.

Für die Dauer der Absperrung unserer Einfuhr werden wir auf die Kriegsrohstofforganisation ebensowenig verzichten können, wie auf die äußerste Einschränkung des Verbrauches. Aber ebenso unmöglich ist es auch, die heutigen Verhältnisse für die Zeit nach dem Kriege beizubehalten.

Wir haben im Kriege viel gelernt. Wir sehen heute deutlicher die Gefahren der weltwirtschaftlichen Abhängigkeit, wir wissen aber auch heute, ihnen zu begegnen. Nie wieder wird ein Feind gegen uns Krieg führen, in der Hoffnung, uns wirtschaftlich niederzuringen.

Not war von jeher die Ursache von Erfindungen. Wir werden in Zukunft die Zufuhr von Chilesalpeter entbehren können, nachdem es gelungen ist, den Stickstoff aus der Luft zur Salpetergewinnung nutzbar zu machen. Wir werden in Zukunft auch in noch stärkerem Maße als bisher den deutschen Boden ausnutzen, die Ödländereien bewirtschaften, um unseren Brotbedarf im eigenen Lande sicherzustellen.

Wir werden auch die Erfindung, die Brennesselfaser zu verspinnen, ausnützen, die Erfindung, Kautschuk synthetisch herzustellen, weiter auszubauen suchen, aber dennoch werden wir auch nach dem Kriege wieder in großem Maße Baumwolle, Wolle, Jute, Flachs, Gummi, ebenso wie Kupfer, Häute, Felle, ebenso wie Kaffee, Thee, Kakao einführen müssen. Mag es auch technisch möglich sein, für diese Rohstoffe Ersatz zu finden, wirtschaftlich wird es nie möglich sein, auf unserem Grund und Boden den ganzen Rohstoff- und Lebensmittelbedarf dauernd zu decken.

Vor dem Kriege haben wir die Gefahren der Abhängigkeit vom Weltmarkte wohl gesehen, die notwendigen Folgerungen aber nicht gezogen. Wir sehen jetzt mit anderen Augen.

„Freiheit der Meere" ist, das wissen wir heute, eine Lebensfrage für uns, für die Garantien geschaffen werden müssen.

In der Handelspolitik werden wir nach dem Kriege bestimmter auftreten. Die Kompensation durch Verträge wird nach dem Kriege weiter ausgebaut werden. Das System einer unbegrenzten „Meistbegünstigung" wird dabei vielleicht verschwinden.

Vor allem werden wir aus unserer geographischen und wirtschaftlichen Lage eine Folgerung ziehen: Vorsorge für jeden Fall einer neuen Unterbrechung der Zufuhr und Stärkung unserer Käuferstellung.

Es sind nur ganz wenige fanatische Anhänger eines Manchestertums, die heute noch für die Zeit nach dem Kriege die vollständige Wiederherstellung des früheren Zustandes fordern.

Es ist unmöglich, in Zukunft wieder die Rohstoffversorgung, die eine Grundlage unserer ganzen Volkswirtschaft bildet, dem freien Spiel der Kräfte zu überlassen. Eine engere Verbindung des Allgemeininteresses mit den Einzelinteressen ist bei der Rohstoffeinfuhr unbedingt erforderlich.

Auch im Interesse des deutschen Käufers ist es notwendig, daß sich das Reich mehr als bisher der Einfuhrinteressen annimmt. Die alten persönlichen Beziehungen sind meist zerrissen. Die Völkerfeindschaft wird sich für lange Zeit auch auf das Geschäftsleben übertragen. Es ist unbedingt erforderlich, daß dabei unsere Rohstoffversorgung nicht von Zufälligkeiten abhängig ist. Die

Einfuhrpolitik muß in enger Verbindung mit unserer ganzen auswärtigen Politik stehen.

Ebenso muß unsere Einfuhrpolitik mit unserer Finanz- und Währungspolitik Fühlung behalten. Die wirtschaftliche Lage Deutschlands im Kriege hat, wie auch in Frankreich und Italien, zu einer Schwächung der Währung führen müssen. Nur durch eine einheitliche und energische Außenhandelspolitik läßt sich ein weiteres Sinken der Valuta verhindern, eine Besserung erreichen. Jede Verschlechterung der Währung würde nicht nur zu einer Verteuerung des Rohstoffbezuges führen, sondern auch eine schwer abzutragende, unerwünschte Verschuldung mit sich bringen.

Endlich müssen wir uns nach dem Kriege durch einen eisernen Bestand sichern. „Eine Vorratspolitik", sagt Friedrich Naumann in seinem Buche: Mitteleuropa, „kann als Volksforderung ohne Unterschied der Parteien bezeichnet werden." Eine ständige Reserve muß unseren Konkurrenten auf dem Weltmarkte die Möglichkeit nehmen, uns durch Erschwerung der Zufuhr oder durch erneute Blockade in unserer Versorgung zu stören. Bei einfacher Wiederherstellung der bisherigen Organisation ist eine derartige Vorratswirtschaft unmöglich. Man kann dem privaten, auf Gewinn angewiesenen und zu größtmöglicher Kostenersparnis gezwungenen Handel nicht die Errichtung so großer Reserven, wie sie nötig sind, auferlegen.

Dies alles sind notwendige Forderungen, die sich aus dem Kriege und aus der Erkenntnis unserer geographischen und politischen Lage ergeben. Für unsere zukünftige Wirtschaftspolitik gilt es, die Form zu finden, die diese Forderungen in vollkommenstem Maße mit den geringsten Nachteilen für die Volkswirtschaft erfüllt.

Es sind in dieser Hinsicht verschiedene Vorschläge für die Neugestaltung unserer Rohstoffversorgung gemacht worden. In Kommissionen und Beratungen sind diese Pläne beraten worden. Die Entscheidung wird stets eine folgenschwere sein. Eine sachliche Erörterung[1] der Frage ist deshalb unbedingt erforderlich, ehe die endgültigen Entschlüsse gefaßt werden.

[1] Es ist unbegreiflich, daß einzelne an der Frage besonders interessierte Kreise in dieser wichtigen Frage jede Erörterung scheuen. „Je weniger über die Pläne bekannt wird, um so besser," schrieb ein Industrieller dem Verfasser.

Im Folgenden soll versucht werden, vom allgemein volkswirtschaftlichen Standpunkte aus zu den einzelnen Vorschlägen Stellung zu nehmen. Für die künftige Neugestaltung der Einfuhr dürfen nicht wirtschaftspolitische Ideale entscheiden, die sich im Betriebe der Weltwirtschaft, von dem wir uns nicht fernhalten können, doch nicht voll erfüllen lassen, sondern Zweckmäßigkeiten im Hinblick auf die gesamte Entwicklung der Volkswirtschaft.

Die Form wird auch nicht für die gesamte Rohstoffeinfuhr einheitlich sein können. Sie muß sich den Markt- und Absatzverhältnissen der einzelnen Rohstoffe anpassen. Sie darf die Entwicklung nicht als künstliches Gebilde hemmen, sondern muß die Entwicklungs- und Leistungsfähigkeit der bei uns wirkenden wirtschaftlichen Kräfte unterstützen können.

1. Die Kriegsreserven.

Einen der ersten Vorschläge für die Neugestaltung der Rohstoffeinfuhr machte Jaffé in seinem mehrfach angeführten Vortrage „Volkswirtschaft und Krieg" am 4. Januar 1915, also nach erst halbjähriger Kriegsdauer. Jaffé forderte damals die Schaffung von Rohstoffreserven nach Art des Goldschatzes im Juliusturm. „Wir müssen von Futtermitteln wie Mais und Gerste, von Nahrungsmitteln wie Weizen, von Rohstoffen wie Kupfer, Petroleum, Benzin, Gummi, Baumwolle, Wolle, Jute usw., die wir im Inlande nicht oder nicht in genügender Menge erzeugen, mindestens so viel aufstapeln, wie der Verarbeitung und dem Konsum eines Jahres entspricht. Dies bedeutet die Errichtung staatlicher Vorratsläger und deren Füllung auf Staatskosten oder doch wenigstens unter Staatsaufsicht und Staatskontrolle."

Derartige Rohstofflager sind nichts prinzipiell Neues. Vorbilder geben nicht nur die Goldreserve im Juliusturm, die im Jahre 1871 auch auf Grund von Kriegserfahrungen geschaffen ist, sondern auch die Zuckerreserven in England und die Kaffeevalorisation Brasiliens, die allerdings ganz anderen Zwecken dient.

Diese Rohstoffreserven sind so denkbar, daß neben ihnen der Handel in voller Freiheit wie vor dem Kriege die Rohstoffzufuhr besorgen würde. Levy[1] betont ausdrücklich, daß die Vorratsvorsorge so eingerichtet werden müsse, daß das bisherige Gefüge der

[1] Levy, Vorratswirtschaft und Volkswirtschaft. Berlin 1915.

Volkswirtschaft in möglichst geringer Weise von dieser Veränderung ergriffen werde. Die Reserven würden dann nur im Falle eines Krieges in Anspruch genommen werden.

Für manche Rohstoffe, insbesondere für Kupfer, sind derartige starre Kriegsreserven technisch durchaus möglich, für andere Rohstoffe müßte indessen zumindest von Zeit zu Zeit eine Auswechslung der Vorräte stattfinden. Auch dies ist denkbar, ohne daß die Reservevorräte als solche auf den Markt kommen würden. In diesem Falle müßten die neu eingeführten Rohstoffe gegen die bereits seit einiger Zeit lagernden Rohstoffe umgetauscht werden. Praktisch würde dies sehr viel Schwierigkeiten bringen und zu vielen Anständen führen.

Wie hoch muß eine derartige starre Reserve sein? Für diese Frage ist entscheidend, ob die Vorräte nur für die erste Kriegszeit bestimmt sind, wie der Goldschatz im Juliusturm, etwa für die Zeit, bis sich die Wirtschaft wieder „militarisiert" hat, oder ob die Reserven für die ganze Zeit einer Absperrung der Zufuhr ausreichen sollen. Für Rohstoffe, für die wir, unter Ausschaltung der Kostenfrage, im Inlande Ersatz herstellen können, würde das erstere genügen, für alle übrigen Rohstoffe würden aber sehr große Reserven erforderlich sein.

Jaffé hatte im Januar 1915 Reserven in der Höhe eines einjährigen Bedarfes gefordert. Ob dies für alle Fälle ausreichend sein würde, erscheint heute bei der langen Dauer dieses Krieges fraglich. Blockaden und Wirtschaftskriege können nur bei langer Dauer Erfolge versprechen.

Wenn wir Reserven in der Höhe des einjährigen Bedarfes annehmen, so würde dies nach den Einfuhrergebnissen des Jahres 1913 für Rohstoffe der gewerblichen Produktion allein einen Wert von mehr als 5 Milliarden Mk., für gewerbliche Rohstoffe und Lebensmittel einen Wert von mehr als 8 Milliarden Mk. ausmachen. Bei einer starren Reserve würden diese Werte zinslos lagern. Für Zinsen, Lagerung, Versicherung, Verwaltung usw. würde dies eine jährliche Belastung des Etats von etwa 500 bis 700 Mill. Mk. bedeuten. Das ist ein Betrag, der etwa unseren Gesamtausgaben für unser Heer im Jahre 1912 entsprechen würde.

Bedenkt man die ungeheuren Ausgaben, die für das Reich nach dem Kriege aus dem Schuldendienst für die Kriegsanleihen, aus der Fürsorge für die Hinterbliebenen und Kriegsbeschädigten, durch die Retablierung von Heer und Flotte entstehen, so ergibt sich, daß für eine derartige „Kriegsversicherung" dem Reiche zunächst weder die erforderlichen Milliarden für die Anlage der Reserven, noch die erforderlichen Millionen für die jährlichen Ausgaben für diesen Zweck zur Verfügung stehen.

Reservevorräte sind zweifellos notwendig, aber sie müssen so organisiert sein, daß sie unter größtmöglicher Schonung auf den ständigen Konsum abgewälzt werden. Starre Kriegsreserven sind zu kostspielig. Die Belastung, die sie bringen würden, würde um so mehr gefühlt werden, als sie nur im Kriegsfalle wirksam sein würden, im übrigen aber unserer Stellung auf dem Weltmarkte und unserer Rohstoffversorgung keinerlei Vorteile bringen würden. Die Rohstoffsicherung kann nicht nur in einem toten Vorrat bestehen, sondern muß eine ständige, lebendige Anpassung unserer Bedürfnisse an die tatsächliche Rohstoffsituation sein.

2. Die Einfuhrsyndikate.

Weit mehr Zustimmung als der Vorschlag, lediglich tote Kriegsreserven anzulegen, hat anfangs der weitgehendere Plan gefunden, die bestehenden Kriegsrohstoffgesellschaften nach dem Kriege in Einfuhrsyndikate umzuwandeln. Dieser Plan scheint auch bei der Regierung zu bestehen, oder mindestens bestanden zu haben. Im Hauptausschusse des Reichstages erklärte der Unterstaatssekretär Dr. Richter am 10. Mai 1916: „Zur Beschaffung der wichtigsten Rohstoffe werden (nach dem Kriege) Industriegesellschaften mit freier Selbstverwaltung unter Zuziehung eines Staatskommissars gegründet werden, um Einkauf, Verteilung und Auskunftserteilung zu übernehmen."

Soviel über diese Pläne bekannt geworden ist, soll der äußere Aufbau der Kriegsrohstoff-Gesellschaften beibehalten werden. Ihre Wirtschaftsform hat viele begeisterte Anhänger gefunden, auch Rathenau meint, daß sie vielleicht in kommende Zeiten hinüberdeute, als ein Mittelglied zwischen einer Aktiengesellschaft und einem behördlichen Organismus.

Es würden danach in den einzelnen Industriezweigen wieder Aktiengesellschaften gegründet, bei denen die Verwaltung in den Händen der Funktionäre der Industrie liegt, während die Aufsicht einem Staatskommissar obliegt, der das Reichsinteresse zu vertreten hat. Diese Gesellschaften würden den Einkauf besorgen und die Rohstoffe dann mit einem festen Spesenzuschlage an die Industrie abgeben. Sie sollen verpflichtet sein, ständig eine Reserve in vorher festgelegter Mindesthöhe zu halten. Auch bei ihnen soll der Gewinn über eine feststehende Verzinsung der Reichskasse zufließen.

Diese Einfuhrsyndikate sind nicht etwa als Einkaufsbureaus anzusehen, wie sie schon vor dem Kriege bei vielen kartellierten Industrien bestanden. In einem vor einiger Zeit in der Presse bekanntgegebenen Vorschlage war ausdrücklich betont, daß die Syndizierung die ganze interessierte Industriegruppe umfassen müsse und daß dies nötigenfalls zwangsweise erfolgen müsse. Würde dies nicht der Fall sein, so würden die Außenseiter der Syndikate, die nicht durch die gleichen Verpflichtungen belastet sind, billiger einkaufen können als die Syndikatsmitglieder.

Die Einfuhrsyndikate, wie sie vorgeschlagen sind, sind nur möglich, wenn sie von der Regierung das Einfuhr- oder Handelsmonopol bekommen.

Ebenso würde die Schaffung der Einfuhrsyndikate völlige Ausschaltung des Einfuhrhandels bedeuten. Die wenigen Politiker, die in jeder Ausschaltung des „Zwischenhandels" einen Fortschritt sehen, haben dies begrüßt. Auf der anderen Seite hat sich der in seiner Existenz bedroht fühlende Einfuhrhandel in lokalen Vereinigungen und im „Zentralverband des deutschen Großhandels" zusammengeschlossen. Der Handel hat eine lebhafte Propaganda entwickelt und namentlich in Verhandlungen mit der Regierung auf die Gefahren hingewiesen, die die Ausschaltung des Einfuhrhandels mit sich bringen würde.

Als Gründe für die Schaffung von Einfuhrsyndikaten und Einfuhrmonopolen wird geltend gemacht:

1. Für unsere Wirtschaft nach dem Kriege ist es gerade bei weiterer weltwirtschaftlicher Betätigung von außerordentlich großer Bedeutung, daß die deutsche Währung hochgehalten wird. Dies hängt weniger von der Notendeckung usw. ab, als von der Zahlungsbilanz. Nachdem unsere Vorräte in weitgehendstem Maße durch den Krieg aufgebraucht sind, werden wir für lange Zeit, nicht nur für eine Übergangswirtschaft von einigen Jahren, eine weit größere Einfuhrnachfrage haben, als wir durch

Warenausfuhr bezahlen können. Da wir, wiederum im Interesse der Währung, möglichst wenig fertige Waren einführen können, so wird unsere Industrie zunächst mit der Arbeit für den eigenen Markt vollauf beschäftigt sein. Kali- und Chemikalienexporte können nur in ungenügendem Maße unseren Rohstoffbedarf bilanzieren. Es ist deshalb unbedingt erforderlich, daß die Einfuhr für absehbare Zeit auf das Allernotwendigste beschränkt bleibt. Die Kontrolle hierüber ist aber nur bei straffer Zentralisierung der Einfuhr möglich.

2. Die Währungsfürsorge macht es erforderlich, daß für viele Rohstoffe, für die wir im Inlande heute ohne Rücksicht auf die Kosten Ersatz erzeugen, auch fernerhin die Rohstoffeinfuhr begrenzt oder ausgeschlossen bleibt. In der Begründung des Ermächtigungsgesetzes zur Einführnng eines Stickstoffhandelsmonopoles heißt es: „Zur Erreichung dieser in Kriegszeiten geschaffenen, für die Sicherung des Ernteergebnisses der Landwirtschaft und des Rohstoffbedarfs der Sprengstoffherstellung überaus wichtigen Stickstoffindustrie auch nach dem Kriege, muß deren Rentabilität sicher gestellt werden." Auch dies ist nur bei zentralisierter Einfuhr durchführbar, wenn man nicht einfach Einfuhrverbote erlassen will, gegen die naturgemäß schwere Bedenken bestehen, weil sie weitgehender sind.

3. Von seiten der Industrie wird teilweise geltend gemacht, daß bei der bisherigen Art der Einfuhr die wichtige Rohstoffversorgung ausschließlich auf dem rein kommerziellen Interesse des Handels beruhte. Die Interessen der Industrie waren dabei nicht voll gewährleistet. Dies zeigt sich schon darin, daß der Handel nie große Notreserven angesammelt hat, so daß die Industrie gegenüber plötzlichen Preistreibereien machtlos war.

4. Auch das alte Argument, daß der Handel den Bezug verteure, wird angeführt. „Wir müssen nach dem Kriege", schreibt ein bekannter Industrieller, „billig unsere Rohstoffe einkaufen, um leistungsfähig zu sein. Dies wird sich in der Hauptsache nur dadurch erzielen lassen, daß die großen Zwischenhändler- oder Spekulationsgewinne wegfallen." Es wird auch ausgeführt, daß die große Zahl von Käufern, bei freier Betätigung des Handels, die Preise auf den überseeischen Märkten gegenseitig in die Höhe treibe.

Auch Naumann meint: „Es ist selbstverständlich, daß

Staatssyndikate und Staatsmonopole anders arbeiten als bloße konkurrierende Privathändler." „Das Gesicht des deutschen Außenhandels ändert sich, wenn es in vielen Erzeugnissen erster Stufe als Käufer noch viel geschlossener auftritt als vorher. Das Ausland wird dann auch mehr vom deutschen wirtschaftlichen Militarismus sprechen, aber sie sind davon überzeugt, daß uns die Zwangsverwandlung der Kriegszeit nicht schlecht bekommt."

5. Endlich ist für manche Rohstoffe die Monopolisierung der Einfuhr gefordert, um dem Reiche eine Einnahmequelle zu geben. Dies ist auch bei Einfuhrsyndikaten, die nicht selbst staatlich sind, möglich, da ja der Gewinnüberschuß wieder dem Reiche zufließen soll. Jaffé beispielsweise sieht in den Einfuhrmonopolen außerordentlich zukunftsreiche Einnahmen. „Es bietet sich hier eine völlig neue, große Einnahmemöglichkeit für das Reich. Der einheitliche Kauf von Riesenmengen und die Einsparung von Zwischengewinnen sollten es der Zentraleinfuhrstelle möglich machen, dauernd große Einnahmen zu erzielen, ohne dem Konsum die Preise zu erhöhen. Im Notfalle könnten weitere Einnahmen durch Aufschlag auf die Preise erzielt werden, was dann allerdings ebenso wirken würde wie eine Zollerhöhung."

Gerade diese Begründung der Einfuhrzentralen führt zu der Frage, ob ausgesprochene Verstaatlichung der Einfuhr, wie sie auch Jaffé verlangt, nicht einem Privatmonopole mit Selbstverwaltung und Staatsaufsicht vorzuziehen ist. Trotz Staatsaufsicht wird bei einer „Selbstverwaltung" stets ein gefährlicher Einfluß mächtiger Interessenten wirksam sein. Die angestellten Syndikatsleiter sind zwar unter Aufsicht eines Kommissars, aber abhängig von den Interessentenkreisen.

Die Regierung hat bisher auf dem Standpunkte gestanden, daß die Übertragung der Monopolrechte an ein selbständiges Unternehmen besser ist als die Verwaltung in Regie des Reiches. Hierfür wird besonders die Hemmung geltend gemacht, die für den Geschäftsbetrieb einer staatlichen Behörde der Parlamentarismus und die bundesstaatliche Verfassung bedeutet.

Abgesehen von der Eröffnung des Einflusses der Interessenten kommt die Schaffung von Einfuhrsyndikaten, wie die Z.E.G., fiskalisch der Verstaatlichung der Einfuhr gleich. Der staatliche

[1] Jaffé, Grundsätzliches zur Reichsfinanzreform. Europ. Staats- und Wirtschaftszeitung. 1916. Nr. 4.

Kommissar wird stets ein weitgehendes Bestimmungsrecht bei der Festsetzung des Preiszuschlags haben und aus diesem wird sich jeweils der Überschuß, der in die Reichskasse fließen soll, ergeben.

In ähnlicher Weise, wie bei den Einfuhrmonopolplänen war seinerzeit auch bei dem vorgeschlagenen Petroleummonopol vorgesehen, daß das Reich die Monopolrechte einer Gesellschaft „an Dritte" übertragen könne. Geplant war damals in dem dem Reichstage vorgelegten Entwurfe eine Vertriebsgesellschaft, auch in Form einer Aktiengesellschaft mit staatlichem Kommissar. Nach den Worten des Reichsschatzsekretärs im Reichstage sollte durch diese Wirtschaftsform dafür Gewähr gegeben werden, daß der Petroleumhandel nicht nach bureaukratischen Gesichtspunkten geleitet werden solle, denn in den Vorstand und Aufsichtsrat der Vertriebsgesellschaft würden die vorhandenen besten Fachleute kommen. —

Wie die Gründe für Einfuhrsyndikate mit denen für Einfuhrmonopolisierung zusammenfallen, so ist dies auch bei den Bedenken der Fall.

Zahlreiche schwere Bedenken stehen den angeführten Argumenten gegenüber.

Zunächst können vom volkswirtschaftlichen Standpunkte aus nur wenige Rohstoffe als geeignete Einnahmequellen für das Reich angesehen werden. Es handelt sich nicht bei einer Belastung der Rohstoffeinfuhr um eine „Zollerhöhung", sondern um eine prinzipielle Umgestaltung unsrer gesamten Wirtschaftspolitik, die bisher darauf beruhte, die nationale Arbeit durch Zölle zu schützen, die Rohstoffeinfuhr aber im Interesse der Leistungsfähigkeit der Industrie und im Interesse der Konsumenten in der Regel unbelastet zu lassen. Mag der Rohstoffschutz dort, wo eine eigene Rohstoffgewinnung geschützt oder ermöglicht werden soll, angebracht sein. Als allgemeine Einnahmequelle für das Reich, wie der Industrieschutz darf er nicht ausgebaut werden.

Als Schutz und Stärkung des Rohstoffbezuges kann eine Monopolisierung der Einfuhr nur in Frage kommen, wenn der Rohstoff in der ausländischen Produktion bereits monopolisiert ist, wie dies bei der amerikanischen Petroleumproduktion der Fall ist. Dann, als Gegenmaßnahmen gegen ein ausländisches Monopol, kann die Verstaatlichung der Einfuhr angebracht sein, um beispielsweise in anderen Ländern Konkurrenzproduktionen zu ermöglichen und zu fördern.

Die **Unkosten** der großen Rohstoffgesellschaften lehren, daß **Einfuhrsyndikate** an Zwischengewinnen und nur in begrenztem Maße sparen können. Auch das Syndikat muß Agenten halten und Provisionen zahlen. Innerhalb des Betriebes selbst sind Ersparnisse durch die Zusammenfassung einer Vielheit bisher selbständiger Einheiten nicht möglich. Es ist eine stets beobachtete Tatsache, daß die Arbeitsintensität der einzelnen Angestellten nicht mit der Größe des Betriebes zunimmt. Arbeitsleistungen selbst werden gleichfalls durch die Zentralisierung nicht eingespart, im Gegenteil, ein Riesenbetrieb für Buchführung, Korrespondenz usw., wie ihn derartige Gesellschaften mit sich bringen, erfordert besondere Arbeit für die Durchführung des Bureaubetriebes.

Daraus ergibt sich ein weiterer Einwand gegen die Einfuhrmonopole. Staatsmonopole, zu denen wir auch die staatlich organisierte, äußerlich privatwirtschaftliche, Organisationsform rechnen, sind dann volkswirtschaftlich unbedenklich, ja erwünscht, wenn die wirtschaftlichen Grundlagen für ein sich aus der kapitalistischen Wirtschaft bildendes Privatmonopol vorhanden sind. Diese Grundlagen sind da, wenn ein Riesenbetrieb durch seine Größe billiger arbeiten kann, als es die einzelnen kleineren Betriebe können. Auf solchen Ersparnissen beruht in erster Linie die Macht der amerikanischen Truste. Bei einem gewerblichen Riesenbetriebe können durch Organisation der Arbeitsleistungen, durch Spezialisation der einzelnen Betriebsstätten, durch Zusammenfassung verschiedener Produktionsprozesse, durch Ausnutzung großer Anlagen, bedeutende Kostenvorteile erreicht werden. Bei einem Bureaubetriebe ist das nicht der Fall.

Beim Einkauf arbeitet im Gegenteil der **bureaukratische Apparat** einer Riesenorganisation **teurer**. In der Z.E.G. arbeiten 3600 Angestellte, auch in den Baumwoll-, Kupfer- usw. Syndikaten würden mehrere hundert Angestellte erforderlich sein. Die Arbeit des einzelnen wird beschränkt. Die Gesamtarbeit wird in viele Abteilungen zerlegt. Auch wenn an die Spitze der Syndikate gewiegte Kaufleute gestellt werden, so werden doch die einzelnen Angestellten nicht mit der Schnelligkeit und Geschicklichkeit arbeiten können, mit der der selbstinteressierte und selbstverantwortliche Händler arbeiten muß. Aus dem ganzen Aufbau ergeben sich zahlreiche Hemmungen und Abhängigkeiten die ein schnelles Arbeiten erschweren.

Die Angestellten eines derartigen behördenähnlichen Betriebes werden, auch wenn sie aus dem Kaufmannsstande hervorgehen, bald „veramtet". Sie fühlen sich als Verwaltungsbeamte. Sie können nicht frei wagende Unternehmer bleiben, weil sie eine ganz andersgeartete Verantwortung tragen, als der finanziell selbstinteressierte Händler. Die Verantwortung potenziert sich mit der Höhe des anvertrauten Kapitals. Hierdurch wird der Einkauf des Syndikats viel schwerfälliger als dies beim Handel der Fall ist. Das bedeutet, daß die Syndikate Konjunkturschwankungen, die bei Rohstoffen, die der Spekulation stark unterworfen sind, ständig vorkommen, nicht schnell folgen können.

Dazu kommt, daß der Handel ständig durch gegenseitigen Wettbewerb zur Ausnutzung aller Marktvorteile und zur aufmerksamsten Beobachtung aller Marktvorgänge gedrängt wird. Bei einem Monopol, das keine Konkurrenz hat, fällt auch dieser Anreiz fort.

Dies alles sind Nachteile, die sich aus der Bureaukratisierung des Einkaufes ergeben würden. Noch weitere Nachteile kommen hinzu.

Die verschiedenen Marktmeinungen einer Vielheit von Kaufleuten gleichen sich untereinander aus. Ungeschickte Händler verschwinden durch Unterliegen im Konkurrenzkampfe vom Markte. Fehler einer einzigen Einkaufzentrale können sehr verhängnisvoll werden. Um diese Fehler aber zu vermeiden, muß das Syndikat jede Spekulation vermeiden und auf die Abnehmer, das ist größtenteils die Industrie, abwälzen. Dies kann leicht zu schweren Erschütterungen führen, die ein beweglicher Handel, der sich schnell durch Gegenspekulation sichern kann, leichter ertragen kann, als die Industrie, die nicht nur kommerzielle, sondern vornehmlich technisch-industrielle Aufgaben zu erfüllen hat und deren Kapital zum größten Teil festgelegt ist.

Die „Zwischengewinne" des Handels, die eingespart werden können, werden so nicht nur durch die Verwaltungskosten, sondern auch durch die höheren Einkaufspreise zumindest ausgeglichen. Im übrigen aber würden die Industrien schon vor dem Kriege in weit erheblicherem Maße selbst oder durch gemeinsame Einkaufsbureaus die Rohstoffe direkt gekauft haben, wenn sie sich dabei besser gestanden hätten. Kein Gesetz und keinerlei Verpflichtung bestand für sie, durch die Vermittlung des Einfuhrhandels zu kaufen.

Ein weiterer Nachteil würde durch die Einfuhrsyndikate dadurch entstehen, daß diese nur den inländischen Markt versorgen würden. Der Transithandel in Rohstoffen wird damit unmöglich. Es liegt aber zweifellos im Interesse unserer Volkswirtschaft, auch im Interesse unserer Zahlungsbilanz, daß unsere Hafenstädte nach Möglichkeit den englischen Rohstoffzwischenhandel für das europäische Festland ablösen. Vor Liverpool war einst Amsterdam der bedeutendste Baumwollmarkt Europas. Englands Bedeutung für den Zwischenhandel hängt wesentlich mit dem Freihandel zusammen. Ein Übergehen zum Schutzzoll oder zum Zollimperialismus würde dem englischen Transithandel großen Abbruch tun, während sich durch unsre geographische Lage, besonders bei weiterem Ausbau der Binnenwasserstraßen für uns noch große Entwicklungsmöglichkeiten für einen Transithandel ergeben. Je bedeutender der Durchfuhrhandel von Rohstoffen ist, um so größer ist unsere Käuferstellung auf dem Weltmarkte und um so größer werden auch für den Fall einer erneuten Absperrung der Zufuhr unsere Reserven sein, ohne daß für diese Reserven der inländische Markt die Kosten trägt. Es genügt, daran zu erinnern, wie wertvoll für uns die Lagerung und Übernahmemöglichkeit des Valorisationskaffees in Hamburg jetzt während des Krieges war.

Diese Bedenken gegen die Syndizierung und Monopolisierung der Rohstoffeinfuhr wiegen schwerer, als die Vorteile, die erwartet werden. Die Hauptbedenken sind, daß wir bei Ausschaltung des Einfuhrhandels auf die vielen persönlichen Bande und Beziehungen, die der Handel knüpfen kann, verzichten müssen, und daß wir den Einkauf, der von jeher die größte kaufmännische Geschicklichkeit und Anpassungsfähigkeit verlangt, bureaukratischen Verwaltungsapparaten übertragen würden.

Auch in der Industrie sind Bedenken entstanden, daß die Syndizierung unserer Einfuhr leicht als Einnahmequelle für das Reich ausgenutzt werden kann und ein principiis obsta setzt sich allmählich hier durch. Nur für wenige Rohstoffzweige, wie Petroleum, vielleicht künftighin auch Kupfer, wird aus Gründen, die in der drohenden Monopolisierung der Produktion liegen, ein Reichsmonopol gefordert. Wenn der Rohstoff auf den fremden Märkten bereits monopolisiert ist, dann kann der Einfuhrhandel keine wesentlichen Funktionen mehr erfüllen.

3. Die Verteilungssyndikate.

Gerade diejenigen Industriekreise, die zuerst begeistert für Einfuhrsyndikate eingetreten sind, wie beispielsweise die Baumwollspinner, sind heute nach eingehender Beratung von diesem Plane abgekommen. Aus dem Bestreben heraus, die Vorteile eines Rohstoffsyndikates mit der Aufrechterhaltung des Einfuhrhandels zu verknüpfen, hat sich der Vorschlag entwickelt, Verteilungssyndikate zuzulassen.

Auch für diese Verteilungssyndikate soll die Form der heute bestehenden Kriegs-Rohstoffgesellschaften mit Selbstverwaltung unter staatlicher Aufsicht beibehalten werden. Im Gegensatz aber zu den Einfuhrsyndikaten soll der Einkauf dem Handel überlassen werden. „Freie Bahn dem Handel" heißt es jetzt wieder. Der Handel soll sich frei entfalten können, soll aber verpflichtet sein, für den deutschen Bedarf nur an die Verteilungszentrale zu liefern. Diese wird gleichfalls durch Zusammenschluß der interessierten Produktionsgruppen gebildet, auch hierfür ist nötigenfalls Zwang erforderlich. Die Verteilungsstelle verfügt stets über die für den inländischen Markt zur Verfügung stehenden Rohstoffmengen. Ihr liegt es ob, für genügende Reserven zu sorgen und eine gerechte, gleichmäßige Verteilung, das heißt eine Kontingentierung der Produktion vorzunehmen. Sie kann Preistreibereien verhindern und gleichzeitig eine Kontrolle darüber ausüben, daß mit den fremden Rohstoffen sparsam gewirtschaftet wird und die dringendsten Bedürfnisse zuerst befriedigt werden.

Gegenüber dem Einfuhrsyndikate beruhen die Vorteile darin, daß der Einkauf selbst nicht von dem schwerfälligen Syndikate, sondern vom Einfuhrhandel besorgt wird und daß dieser gleichzeitig die Möglichkeit besitzt, das Transitgeschäft zu pflegen. Endlich glaubt man auch, daß durch diese Organisation die Einschränkung des Bedarfes verbunden werden kann mit einer bequemeren Erledigung der Verpflichtungen. Ein Einfuhrsyndikat würde zu gewissen Zeiten außerordentlich große Zahlungsverpflichtungen haben, die die Währungsbalanzierung schwer belasten würden. Bei Einkauf durch den Handel, der die persönlichen Beziehungen wahren und in Anspruch nehmen kann, ist ein allmählicher Abbau leichter zu erreichen. Schon heute haben die deutschen Einfuhrhändler mit ihren überseeischen Verbindungen ausgemacht, daß die ersten großen Käufe nach Friedensschluß mit Dreimonatswechsel auf New York beglichen werden sollen, so daß in der ersten Friedenszeit eine sofortige starke Belastung der Devise verhindert wird.

Die Regierung steht dem Vorschlage der Errichtung von Verteilungssyndikaten, soweit bekannt, günstig gegenüber, weil auch diese Organisation die nötigen Reserven sichert und eine Regulierung der Einfuhr nach handelspolitischen Notwendigkeiten möglich macht.

Die Industrie ist gleichfalls zum großen Teil für eine Verteilungszentrale eingetreten. Diese gibt ihr die Möglichkeit, die Produktion zu regeln, das Angebot einzuschränken und einen gegenseitigen Wettbewerb auf dem Markte auszuschließen. Das Einfuhrsyndikat gibt für Preisverabredungen eine weit sicherere Grundlage als Kartellverträge, und da es zwangsweise die ganze Produktion umfaßt, verhindert es Außenseiter.

Auch der Einfuhrhandel hat sich in den Vorbesprechungen für die Verteilungssyndikate ausgesprochen. Die drohende Gefahr der Einfuhrsyndikate gefährdete die Existenz, das Verteilungssyndikat sichert zum gewissen Teile den Bestand.

Vom volkswirtschaftlichen Standpunkte, besonders vom Konsumentenstandpunkte aus bestehen aber auch gegen diesen Plan große Bedenken.

Der Handel wird allerdings beibehalten und die Einfuhr selbst wird nicht unmittelbar beengt. Aber da der ganze Handel an eine einzige Verteilungsstelle liefert, so müssen die Händler ihre Selbständigkeit bald verlieren. Sie werden Agenten des Syndikates für den Einkauf, wie die Kohlenhändler Agenten des Kohlensyndikates für den Verkauf geworden sind. Ihre Zahl wird begrenzt bleiben und damit ihre Existenz dauernd gesichert sein, aber der Anreiz, der sich für sie durch den Wettbewerb ergab, beim Einkauf alle Marktanteile auszunutzen, wird fortfallen. Auch sie werden mit der Zeit „veramtet".

Bedenklicher als die Schwächung des Handels ist der Einfluß des Verteilungssyndikates auf die Verarbeiter der Rohstoffe.

Das Syndikat wird die Monopolstellung nicht ausnützen, es wird die Verteilung gegen eine kleine Gebühr, die auch die Kosten der Reservelagerung einschließt, besorgen. Jeder Gewinnanreiz ist ja dadurch ausgeschlossen, daß die überschießenden Gewinne dem Reiche zufließen.

Das Verteilungssyndikat gibt indessen den Rohstoffverarbeitern eine feste Grundlage zu eigener Monopolisierung.

Wie die Zahl der Händler, wird die Zahl der Rohstoffverarbeiter begrenzt bleiben. Die systematische Verteilung und die Kontingentierung der Produktion erfordert dies. Da die Verteilung durch den Selbstverwaltungsapparat erfolgt, so wird man sich jeder neuen Konkurrenz zu erwehren wissen.

Die Kontingentierung selbst begrenzt den Wettbewerb und regelt das Angebot. Die Industrie wird ständig weniger anbieten, als verlangt wird. Sie verhindert damit jedes gegenseitige Unterbieten. Sie sichert sich damit einen Monopolgewinn, der bis dahin nur bei Rohstoffen, die in ihrem Vorkommen stark beschränkt waren, erzielt werden konnte.

Dieser Monopolgewinn wird bei der kapitalistischen Wirtschaft in zweierlei Hinsicht wirken.

Erstens wird sich das Kapital, das sich zur gemeinsamen Verteilung zusammengefunden hat, enger zusammenschließen. Dieser Zusammenschluß „in horizontaler Richtung“ sichert die Vorteile der Monopolstellung noch weiter als das Gesetz, er ermöglicht ferner weitgehendere Spezialisierung der einzelnen Betriebe.

Zweitens wird sich das Kapital in „vertikaler Richtung“ auszudehnen suchen und zwar auch aus zwei Motiven. Die die Rohstoffe verarbeitende Stufe hat durch die Monopolstellung es nicht nötig, den nachfolgenden Stufen gleichfalls einen Anteil am Monopol zu geben. Sie wird den Monopolvorteil dadurch voll auszunutzen suchen, daß sie die Weiterverarbeitung weitgehendst angliedert. Auf der andern Seite werden die Weiterverarbeiter selbst Anlehnung an die monopolisierte Produktionsstufe suchen, um sich den Materialbezug zu sichern und um an den Monopolvorteilen teilzunehmen.

Dieser Entwicklungsprozeß wird sich nicht von heute auf morgen, aber er wird sich immerhin schnell vollziehen.

Die nicht mit der monopolisierten Rohstoffverarbeitung verbundenen Produktionsstufen werden das Halbfabrikat teuer kaufen müssen. Das Unternehmen, das von der ersten Stufe weit in die nachfolgenden Produktionsstufen hineinreicht, wird den übrigen überlegen sein und diese Überlegenheit führt im Wettbewerb zur Vernichtung oder zwingt, den gleichen Weg zu gehen.

So müssen wir damit rechnen, daß auf Grund der Kontingentierung der Rohstoffverteilung, auf Grund der systematischen Begrenzung der Halbfabrikatserzeugung Industrien bei uns vertrustet werden, die bis dahin ausgesprochene Konkurrenzindustrien waren, bei denen die Gefahr einer privaten Monopolisierung als ausgeschlossen erschien.

Diese Voraussage ist keine weltfremde Theorie, sie ergibt sich aus einer Beobachtung der Entwicklung der kapitalistischen Industrie.

Für manche Industrien, die wie die Schwerindustrie bei uns schon heute trustähnlich zusammengesetzt sind, fallen allerdings die gegen Verteilungssyndikate angeführten Bedenken zum großen Teil fort. Bei diesen Industrien hat schon heute der Handel keine weitgehende Selbständigkeit mehr. —

Zweifellos würden auch die Verteilungssyndikate bei einer nicht zusammengefaßten Industrie und besonders bei Rohstoffen, die qualitativ mannigfaltig sind, einen großen bureaukratischen Apparat erfordern, der besondere Kosten verursachen würde. Um diese Kosten zu vermeiden, ist vielfach angeregt, bloß die Einfuhr zu kontingentieren.

Eine bloße Kontingentierung der Einfuhr durch das Reich soll die im Interesse der Valuta notwendige Einschränkung bringen. Eine derartige Kontingentierung würde zunächst gleichfalls die Begrenzung der Rohstoffmengen bedeuten und dadurch zu Monopolgewinnen führen, nur mit dem Unterschiede, daß auch der Handel an diesem Monopolgewinn Anteil nehmen würde. Mit der starren Kontingentierung der Einfuhr mußte bei Rohstoffen, die ausschließlich vom Auslande eingeführt werden, unbedingt eine Kontingentierung des Bedarfes verbunden sein.

Die Entwicklung der Industrie und die Anpassung an die nach dem Kriege zu erwartende völlige Neugestaltung der Marktverhältnisse wird dadurch sehr erschwert. Die jeweilige Festsetzung der Einfuhrmenge wird stets eine folgenschwere Entscheidung bedeuten.

Vor allem löst eine bloße Kontingentierung der Einfuhr das Rohstoffproblem nur unvollkommen. Wohl wird ein

Sinken der Valuta durch spekulative Käufe teilweise verhindert, aber dies würde die einzige Wirkung sein. Eine Sicherung der Rohstoffversorgung für den Fall einer erneuten Zufuhrsperre oder Zufuhrerschwerung würde nicht erreicht werden.

4. Die Einfuhrbanken.

Es fragt sich, ob die Forderungen, die an die Rohstoffversorgung nach dem Kriege gestellt werden müssen, nicht auch ohne zwangsweise Syndizierung der Einfuhr oder der Verteilung und doch in vollkommenerem Maße als dies bei bloßen Kriegsreserven oder bloßer Kontingentierung der Einfuhr möglich ist, erfüllt werden können.

Es handelt sich darum, dem Einfuhrhandel die Beweglichkeit zu lassen und doch dabei für eine stärkere Vertretung der Allgemein- und Reichsinteressen bei der Einfuhr Gewähr zu schaffen. Es muß eine Organisation geschaffen werden, die sowohl den Bedürfnissen des Krieges wie des Friedens entspricht.

Die einzige Organisation unseres Wirtschaftslebens, die jetzt im Kriege nicht der Neueinstellung und Umgruppierung bedurfte, ist die Organisation unseres Bankwesens.

Diese Überlegung hat zu dem Vorschlage geführt, auch für die Rohstoffeinfuhr eine ähnliche Organisation vorzuschlagen.[1]

Rohstoffbanken statt Rohstoffsyndikate. Der Vorschlag sollte eine Anregung sein; die Zustimmung, die er gefunden hat, läßt annehmen, daß der Weg gangbar ist.

Der prinzipielle Unterschied zwischen diesem Vorschlage und den bisher erörterten Plänen ist der, daß neben dem Handel nebengeordnet, nicht unmittelbar übergeordnet, eine neue Organisationsform für die Zukunft geschaffen werden soll, als eine ausschließliche Vertretung der Allgemein- und Reichsinteressen.

Die äußere Form und Organisation der Einfuhr- oder Rohstoffbanken würde etwa folgendermaßen aussehen:

1. Das Kapital wird wie bei den Kriegsrohstoffgesellschaften durch Privatkapital aufgebracht. Um aber nicht dieses Kapital durch zwangsweise Umlage aufzubringen, würde eine Gewinn-

[1] Landauer, Einfuhrsyndikate oder Einfuhrbanken? Frankfurter Ztg. Nr. 302. Erstes Morgenblatt vom 31. Oktober 1916.

möglichkeit von vornherein nicht auszuschließen sein. Hingegen müßte dem Reiche ein bestimmter Anteil am Gewinn zufließen und dieser Anteil müßte progressiv steigen.

2. Die Beamten der Einfuhrbanken werden ernannt. — Dieser Vorschlag hat, wie verschiedene Zuschriften zeigen, viele Bedenken erweckt. „Statt Kaufleuten, statt Sachverständigen, Burkeauraten?" Die so einwenden, vergessen, daß die Beamten jedes großen Verwaltungsapparates mit der Zeit Bureaukraten werden, gleich ob sie in der Selbstverwaltung, in großen Wirtschaftsunternehmen oder in Behörden arbeiten. Ein Blick auf die Stadtverwaltungen zeigt dies zur Genüge. Sachverständige und Kaufleute sollen es trotzdem sein. Die freie Bahn für den Tüchtigen wird nicht ohne weiteres dadurch versperrt, daß eine Ernennung der Beamten durch das Reich erfolgt. Der Grund, der gegen die Selbstverwaltung der Einfuhrbanken durch die Interessenten spricht, ist gerade der, daß diese Banken zunächst nicht die Interessen der Rohstoffhändler oder Rohstoffverarbeiter, sondern die allgemeinen Interessen der Staats- und Volkswirtschaft zur Geltung bringen sollen.

3. Für die Verwaltung muß Vorsorge dagegen getroffen werden, daß eine einzelne Interessentengruppe durch Mehrheit im Aktienbesitz weitgehenden Einfluß gewinnen kann. In dieser Hinsicht waren auch schon im Entwurfe zum Petroleummonopol seiner Zeit besondere Bestimmungen getroffen. Es heißt in dieser Vorlage: „Das Grundkapital wird in Inhaber- und Namensaktien zerlegt. Die Namensaktien werden bei der Reichsbank hinterlegt, ihre Übertragung bedarf der Zustimmung des Reichskommissars. Das Stimmrecht in der Generalversammlung muß so gestaltet sein, daß nicht weniger als die Hälfte der Stimmen auf Namensaktien entfällt" usw. „Die Wahl des Aufsichtsrates und innerhalb desselben die Wahl des Vorsitzenden und dessen Stellvertreters bedürfen der Bestätigung des Reichskanzlers."

4. Die Betätigung der Einfuhrbanken würde erstens im Rohstoffhandel selbst liegen. In gleicher Weise wie der Handel würde die Einfuhrbank auf den fremden Märkten Rohstoffe einkaufen und im Inlande wieder verkaufen. Sie würde damit den Händlern zur Konkurrenz werden. Indessen würde die Bank, wie sich schon aus ihrer Organisation ergibt, nach ganz anderen Gesichtspunkten kaufen als der Handel. Der Rohstoffhandel kauft

in der Regel auf Grund von Aufträgen, jedenfalls meist auf Grund des jeweiligen Bedarfes. Sein Interesse liegt in einem schnellen Kapitalumschlage. Anders würde dies bei der Bank sein, der bedeutende Mittel ständig zur Verfügung stehen und die dem Tagesgeschäft, infolge ihrer bureaukratischen Form nicht so schnell folgen kann und soll. Die Einfuhrbank wird in erster Linie auf Vorrat kaufen. Sie wird kaufen und verkaufen, nach Gesichtspunkten, die sich aus der allgemeinen wirtschaftlichen, oft auch politischen Situation ergeben.

5. Den Rohstoffbanken fällt ferner die Vorratssorge zu. Die Bank, war gesagt, kauft nicht für den täglichen Bedarf der Industrie, sondern auf Vorrat. Sie lagert Vorräte und gibt diese ab, wenn es ratsam erscheint. Die Größe des Reservelagers wird man zweckmäßigerweise nicht scharf begrenzen, sondern innerhalb eines gewissen Spielraums dem Ermessen der Leitung überlassen. Durch eine geschickte Handhabung der Vorratspolitik würde der deutsche Markt eine wesentliche Stärkung gegenüber den Spekulationen der überseeischen Produzenten und Börsen erhalten. Dadurch, daß zu gegebener Zeit von den Reserven in weitgehendem Maße abgegeben werden kann, zu anderer Zeit das Reservelager vergrößert wird, kann eine größere Gleichmäßigkeit in den Preisen erzielt werden. Es genügt, hier auf die großen Krisen hinzuweisen, die die heftigen Preisschwankungen der Baumwolle der Baumwollindustrie gebracht haben. Im Jahre 1904 sind infolge von Spekulation auf der New Yorker Baumwollbörse Preisveränderungen von 152% vorgekommen. Gegenüber dieser Spekulation waren wir bislang machtlos. Wir mußten alle Haussen mitmachen und uns gefallen lassen, daß mit unserem Gelde beispielsweise am 28. August 1910 durch eine gelungene Hausse 80 Millionen Mark in New York verdient wurden.

Im Laufe der Zeit — die ersten Monate kommen aus Währungsgründen sowieso nicht in Frage — müssen die Vorräte so organisiert werden, daß sie zugleich Notreserven werden. Zu diesem Zwecke müssen in verschiedenen Gegenden große Lageranlagen errichtet werden. Um das Geld für die Reserven aufzubringen, muß das Warrantsystem weiter ausgebildet werden. Die Warrants mit der Unterschrift der Rohstoffbanken müssen von der Reichsbank diskontiert werden und eventuell als Deckung für Noten dienen.

Diese beweglichen Reserven werden auch unsere handelspolitische Stellung stärken. Vor dem Kriege konnten die Rohstoffländer ohne Zweifel einen großen Druck auf uns ausüben. Ein Zollkrieg war für uns außerordentlich gefährlich. Durch Schikanen zur Zeit nach der Ernte konnte beispielsweise bei Baumwolle Deutschland in eine schwierige Situation kommen. Demgegenüber werden wir selbständiger werden.

6. Endlich müssen die Einfuhrbanken das Monopol für die Bevorschussung schwimmender oder lagernder Sendungen bekommen. Durch dieses Monopol bekommen sie die Macht, auf den Handel einzuwirken. Durch die Bevorschussung kann die Bank auf eine wünschenswerte Einschränkung oder Steigerung der Zufuhr hinwirken. Der Zins für die Bevorschussung muß dabei so gehalten sein, daß er die Kosten der Verwaltung und Lagerung, soweit sie nicht durch das Rohstoffgeschäft der Banken aufgebracht werden, deckt. Dadurch wird zweifellos der Konsum belastet, aber wohl in einer am wenigsten fühlbaren Weise. Das Geld für die Bevorschussung muß durch Relombardierung bei der Reichsbank aufgebracht werden.

Es kann hier eingewandt werden, daß die Monopolisierung der Bevorschussung schwimmender Sendungen den Großbanken einen wichtigen Geschäftszweig entzögen, aber bei Einfuhrsyndikaten würden die Banken noch weitgehender ausgeschaltet sein.

7. In Verbindung mit der Bevorschussung müßte die Pflicht der Deklaration aller sichtbaren Vorräte bestehen. Dadurch würden die Einfuhrbanken stets einen Überblick über die tatsächlich vorhandenen Vorräte haben. Wir würden nicht mehr auf Schätzungen angewiesen sein.

8. Die Einfuhrbanken müßten auf die einzelnen Rohstoffzweige spezialisiert sein. Es müßte eine „Reichswollbank“, eine „Reichsjutebank“, eine „Reichsbaumwollbank“ usw. geben. Sitz dieser Banken müßte der Haupthandelsplatz der einzelnen Rohstoffe sein, damit stets eine enge Fühlungnahme mit dem Handel und den Rohstoffbörsen möglich ist. Die einzelnen Rohstoffbanken müßten in einer Zentralstelle wieder bei der Reichsbank zusammengefaßt sein. Diese Zentrale würde in gemeinsamer Arbeit mit der Devisenzentrale vor allem auch für eine konsequente Währungspolitik sorgen müssen.

9. Endlich fällt den Einfuhrbanken die Aufgabe zu, bei

Ausbruch eines neuen Krieges sofort die Kriegsorganisation einzurichten. Mit Recht sagt Rathenau „Nie wieder kann und darf es uns geschehen, daß wir wirtschaftlich unzulänglich vorbereitet in einen neuen Krieg hineinkommen. . . .“ „Eine umfangreiche statistische und Verwaltungsarbeit wird sich hieraus ergeben. Es muß ferner dafür gesorgt werden, daß die Umstellungen, die dieser Krieg in gewaltsamer Weise herbeigeführt hat, in Zukunft selbsttätig und ohne Erschütterungen vor sich gehen. Ein allgemeiner wirtschaftlicher Mobilmachungsplan muß geschaffen und dauernd erneuert werden.“ Wie die Reichsbank das Zentrum für die finanzielle Mobilmachung war, so müssen es die Einfuhrbanken für die einzelnen Industriezweige werden. Wohl niemand glaubt heute, daß nach dem Frieden ein neuer Krieg bald kommen wird, aber für die Wirtschaft gilt zweifellos: Si vis pacem para bellum. Nur wenn ein Wirtschaftskrieg aussichtslos ist, wird er sich nicht wiederholen.

Im vorhergehenden sollten Form und Aufgaben der Einfuhrbanken kurz skizziert werden, ein fertig ausgearbeiteter Plan kann es nicht sein.

Die Vorzüge der Einfuhrbanken würden zum großen Teil im Negativen liegen. Sie würden Notwendiges bringen, ohne die schweren Nachteile der Syndikate, ohne die Monopolisierung wichtiger Rohstoffe, ohne die Ausschaltung des wirtschaftlich wichtigen Einfuhrhandels.

Ein Mittelweg würde geschaffen zwischen staatlicher Regulierung und freier Entfaltung der wirtschaftlichen Kräfte.

Die Kosten würden zweifellos durch eine derartige Organisation leichter aufgebracht werden als bei den Einfuhrsyndikaten.

Eine generelle Bureaukratisierung von Industrie und Handel, wie sie sowieso schon unserem Wirtschaftsleben droht, würde vermieden, zumindest nicht gefördert.

Vor allem würde unsere Stellung auf den fremden Märkten bedeutend gestärkt. Auch unser Einfuhrhandel würde an den Einfuhrbanken eine wesentliche Stütze finden.

Für unsere, fremde Rohstoffe verarbeitende, Industrie würde der Einfluß der Rohstoffbanken auf die Preisbewegung von großem Werte sein. Die durch die Preisstürze herbeigeführten Krisen werden vermindert werden. Dies liegt sowohl im Interesse des Kapitals wie im Interesse der Arbeiter. Starke Arbeiterentlassungen, wie sie in der Wollindustrie beispielsweise eingetreten sind, werden sich so verhindern lassen.

Für das Reich und die Regierung wird eine Organisation geschaffen, die eine Wahrung der allgemeinen und Reichsinteressen besser gewährleistet als Selbstverwaltungskörper, Syndikate. Der Einfluß eines Kommissars ist bei diesen Körpern doch sehr problematisch. Nicht immer kann die Interessentenpolitik, die auch nur die Politik einer machtbesitzenden Mehrheit sein würde, die Politik der Regierung sein. Es ist unbedingt notwendig, daß, wie in dem Bankwesen, auch in der Rohstoffeinfuhr eine wirksame Vertretung des Staatsinteresses geschaffen wird.

V.

Schlußbetrachtungen.

Es liegt fern, in den Einfuhrbanken das allein selig machende Mittel zur Lösung des Problems zu sehen. Eine einheitliche Organisationsform für die Rohstoffeinfuhr wird um so weniger angebracht sein, als bei einzelnen Rohstoffen die Einkaufs- und Absatzverhältnisse sehr verschieden sind. Der Petroleum- und Kupfermarkt ist ein anderer als der Wollmarkt, der Baumwollmarkt; der Kautschukmarkt ist wieder ein anderer als der Kaffeemarkt. Bei manchen Rohstoffen droht oder besteht ein Monopol der Produzenten, bei anderen wieder ist eine Monopolisierung der Produktion nicht zu erwarten, da der Rohstoff in unbegrenzter Menge erzeugt oder gewonnen werden kann. Manche Rohstoffe sind untereinander sehr mannigfaltig, bei anderen gibt es nur geringe qualitative Unterschiede. Manche Rohstoffe beziehen wir ausschließlich vom Auslande, bei anderen wieder nur den überschießenden Bedarf, unser eigenes Produktionsdefizit. Endlich beziehen wir manche Rohstoffe aus verschiedenen Ländern, andere wiederum fast ausschließlich von einem einzigen anderen Wirtschaftsgebiete.

Auf der anderen Seite ist auch der Absatz der Rohstoffe sehr verschiedenartig. Einige Rohstoffe, wie z. B. Metalle, haben einen begrenzten Absatz, andere, wie die Textilrohstoffe, werden von einer großen Anzahl von Unternehmern verarbeitet, wieder andere wie Petroleum sind Bedarfsartikel des Massenkonsums.

Bei einigen Rohstoffen ist der Bedarf örtlich konzentriert, bei anderen erstreckt er sich über das ganze Reich.

Aus diesen Verschiedenheiten und aus der Verschiedenheit der berührten Interessen erklärt sich die große Zahl von Vorschlägen, die gemacht sind. Zwischen den beiden extremen Möglichkeiten, vollständige Verstaatlichung der Einfuhr und vollständige Wiederherstellung des früheren Zustandes der ungezügelten freien Einfuhr, bestehen zahlreiche Kombinationsmöglichkeiten. Sie werden im Prinzip aber alle mehr oder weniger auf die hier erörterten vier Vorschläge hinauslaufen und die hier angeführten Bedenken oder Vorzüge auslösen.

Aus den großen Verschiedenheiten im Charakter der Rohstoffe ergibt sich aber auch die Schwierigkeit der Lösung des Rohstoffproblems.

Die Schwierigkeiten der Lösung der Aufgabe dürfen uns aber nicht daran hindern, Entschlüsse zu fassen. Wir dürfen uns nicht wieder, wie vor dem Kriege, in polemischen Erörterungen verlieren und im entscheidenden Augenblicke durch die Tatsachen überrascht werden. Die Erörterung ist unbedingt notwendig, aber sie muß zu Vorschlägen und Beschlüssen führen.

Wir müssen uns ständig darüber klar sein, daß unsere wirtschaftliche Stellung eine weit schwierigere geworden ist. Die vielen Vorbereitungen unserer Gegner auf einen Wirtschaftskrieg nach dem Kriege, auf Abschließung bisher uns offener Märkte, mahnen uns, uns rechtzeitig einzurichten. Wenn wir auch den Weltboykott Deutschlands nicht fürchten brauchen, weil eine dauernde Ausschaltung Deutschlands vom Weltmarkte auf die Dauer unmöglich ist und keineswegs im Interesse unserer heutigen Feinde liegt, so werden wir doch mit zahlreichen Erschwerungen unseres Außenhandels zu rechnen haben.

Gerade die erste Zeit nach dem Kriege erfordert eine zielbewußte und weitschauende Wirtschaftspolitik nach innen und nach außen. Gerade in der ersten Zeit ist weitgehende Einheitlichkeit notwendig und ein Unterordnen der Einzelinteressen unter die der Gesamtheit unerläßlich. Für die ersten Monate bestehen die größten Schwierigkeiten in der Beschaffung von Zahlungsmitteln, von Frachtraum, in der Überwindung kleinlicher Schikanen usw. Gerade in der ersten Zeit benötigt auch der Handel den Schutz und die Rückenstärkung durch das Reich.

Aber nicht nur für die erste Zeit, nicht nur für eine Übergangszeit von wenigen Jahren, müssen wir die Rohstoffversorgung regeln.

Nicht nur für die Zeit der „Übergangswirtschaft" droht uns eine neue Absperrung oder Einfuhrerschwerung, nicht nur für drei bis vier Jahre werden wir die Schwierigkeiten mit dem Ausgleich unserer Zahlungsbilanz haben.

Es ist schwer zu verstehen, daß heute weite Interessentenkreise eine Einfuhrregelung lediglich für die Übergangszeit wünschen. Was soll nach der Übergangszeit sein? Soll dann wieder das freie Drauflloswirtschaften, ohne jede Sicherung, beginnen oder sollen die Einfuhrsyndikate usw. nach der Übergangszeit die Grundlage für künstliche purale Monopole ohne staatliche Aufsicht bilden?

Eine Zentralisierung der Einfuhr nur für die Übergangszeit würde genau so bedenklich sein, wie die volle Wiederherstellung des bisherigen Zustandes für diese Zeit. Gerade für die Übergangswirtschaft ist eine Einfuhrorganisation notwendig, die schnell anpassungsfähig und beweglich ist, dabei aber doch die nötigen Sicherheiten gibt. Für viele Rohstoffe wird gerade für diese Zeit die Schaffung von Einfuhrbanken große Vorteile bringen. Eine bureaukratische Organisation und die Ausschaltung des Einfuhrhandels würde in der ersten Zeit besonders nachteilig sein.

Wir müssen aus den begangenen Fehlern lernen, ohne in neue zu verfallen; wir dürfen keine Augenblickspolitik betreiben, sondern müssen eine dauernde Sicherung unserer Rohstoffversorgung, eine dauernde Stärkung unserer Weltmarktsstellung erstreben.

Mit beweglichen Vorratsreserven, mit einer einheitlichen und systematischen Einfuhr- und Devisenpolitik, mit verstärkter Vertretung des Allgemeininteresses bei der Rohstoffversorgung werden wir den Kampf gegen die wirtschaftlichen Maßnahmen unserer Feinde nach dem Kriege getrost aufnehmen können.

Der Krieg hat gezeigt, wie leistungsfähig unsere Wirtschaft bei Anspannung aller Energien sein kann.

Abhängig bleiben wir allerdings auch dann vom Auslande. Aber diese Abhängigkeit ist mit jeder Arbeitsteilung, auch mit der internationalen Arbeitsteilung verbunden. „Die Abhängigkeit", schrieb vor 12 Jahren der jetzige Staatssekretär des Innern[1], „in die der internationale Warenaustausch die einzelnen Volkswirtschaften bringt, wird dadurch gemildert, daß sie — wenigstens im großen und ganzen — eine gegenseitige ist. Die Länder, an die wir unsere Industrieprodukte absetzen, haben ein ebenso großes Interesse daran, daß wir ihnen ihre überschüssigen Erzeugnisse, insbesondere Nahrungsmittel und Rohstoffe abnehmen." Und umgekehrt! Wir sind, trotz des großen Unterschiedes im Wertverhältnis, von Amerika im Baumwollbezuge kaum abhängiger als Amerika, bei der Entwicklung der dortigen Baumwollindustrie, besonders auch als Exportindustrie, im Farbenbezuge dauernd von uns abhängig ist.

Je stärker unsere Stellung als Verkäufer ist, um so stärker ist auch unsere Käuferstellung, je stärker unsere Käuferstellung ist, um so stärker ist unsere Verkäuferstellung.

Die gegenseitige Abhängigkeit im weltwirtschaftlichen Betriebe wird nur dann gefährlich sein, wenn ein einziges Land in einem von anderen Ländern dringend benötigten Produkte oder Rohstoffe ein Monopol besitzt, wie es beispielsweise vor dem Kriege Chile in Salpeter besaß. Die beste Abwehr gegen ein derartiges Monopol ist die Förderung der Konkurrenz in anderen Ländern und die systematische Konkurrenzerzeugung im eigenen Lande oder in Kolonien.

Der Ausbau unserer Kolonien wird nach dem Kriege eine wesentliche Aufgabe unserer Wirtschaftspolitik sein müssen. In einzelnen Rohstoffen, wie Kautschuk, Sissalhanf, Ölfrüchten usw. lieferten in den letzten Jahren unsere Kolonien bereits einen bedeutenden Anteil unseres Bedarfes. Für andere Rohstoffe, wie Baumwolle, ferner Kaffee, sind vor dem Kriege die Kulturen in unseren Kolonien systematisch entwickelt. Gerade für die Baumwollkulturen würde ein Ausbau unseres Kolonialbesitzes in klimatisch gesunden Gegenden Afrikas von großem Werte sein. Bisher wurde die Entwicklung dadurch sehr beeinträchtigt, daß in den in Frage kommenden Gegenden das Klima den dauernden Aufenthalt von Weißen unmöglich machte.

Bis unsere Kolonien unseren Rohstoffbedarf decken können,

[1] Karl Helfferich, Die Baumwollfrage. Marine-Rundschau. Berlin 1904.

wird indessen noch sehr lange dauern, sofern dies bei dem Mangel an geeigneten Arbeitskräften, sowie der geringen Arbeitsintensität der Schwarzen überhaupt je möglich sein wird. Vor dem Kriege lieferten die deutschen Kolonien noch nicht 1 % der gesamten deutschen Einfuhr.

Für absehbare Zeit werden wir in der Einfuhr ebensowenig wie in der Ausfuhr auf die rege Anteilnahme an der Weltwirtschaft verzichten können. Der Satz: „die Welt unser Feld" wird auch nach dem Kriege wieder für unsere Industrie und unseren Handel gelten müssen, aber die Weltmarktswirtschaft ist deshalb nicht Selbstzweck unserer Arbeit. Das Ziel alles unseres Wirtschaftens bleibt die gesunde wirtschaftliche, soziale und kulturelle Entwicklung unseres Volkes.

Metzger & Wittig, Leipzig.

FSC
www.fsc.org
MIX
Papier | Fördert gute Waldnutzung
FSC® C083411

Kolibri 360 GmbH
Ferdinand-Jühlke-Straße 7
99095 Erfurt, Deutschland
produktsicherheit@kolibri360.de